❄ wintergrillen

IMPRESSUM

HEEL Verlag GmbH
Gut Pottscheidt
53639 Königswinter
Tel.: 02223 9230-0
Fax: 02223 9230-13
E-Mail: info@heel-verlag.de
Internet: www.heel-verlag.de

© 2013 by HEEL Verlag GmbH

Alle Rechte, auch die des Nachdrucks, der Wiedergabe in jeder Form und der Übersetzung in andere Sprachen, behält sich der Herausgeber vor. Es ist ohne schriftliche Genehmigung des Verlages nicht erlaubt, das Buch und Teile daraus auf fotomechanischem Weg zu vervielfältigen oder unter Verwendung elektronischer bzw. mechanischer Systeme zu speichern, systematisch auszuwerten oder zu verbreiten.

Satz und Gestaltung: Muser Medien GmbH, Königswinter, Christine Mertens
Fotos: Michael Gunz, Götzis, www.michaelgunz.at
Projektleitung: Christine Birnbaum

Der Rezeptteil des Buches wurde nach bestem Wissen und Gewissen verfasst. Weder der Verlag noch der Autor tragen die Verantwortung für ungewollte Reaktionen oder Beeinträchtigungen, die aus der Verarbeitung der Zutaten entstehen.

– Alle Rechte vorbehalten –
– Alle Angaben ohne Gewähr –

Printed in Czech Republic

ISBN 978-3-86852-783-4

wintergrillen
Tom Heinzle

HEEL

inhalt

Winterzeit – Grillzeit	6
Was man wissen sollte	8
Was man braucht	11
Sicherheit beim Grillen	14
Nützliche Hinweise	15
Würzen und Marinieren	19
Vorräte für den Winter schaffen	21
Meine Gewürzmischungen	23
Wildfleisch – eine gesunde Delikatesse	25

REZEPTE 28

Käsewürfel im Speckmantel	28
Lebkuchen mit Räucherspeck und Chili	30
Wintergemüse vom Grill	32
Winter-Camembert	36
Lachs	38
Geräuchertes Forellenfilet mit geräucherten Pilzen und Habaneros	40
Saibling im Wirsingmantel	44
Appenzeller Kräuter-Hühnchen	48
Hühnchen im Heubeet	50
Hühnchen mit Kräuterheu, Süßwein und Zimt	53
Hühnchen mit Orangen und Nelken	53
Truthahn nach Toms Art	56
Gefüllte rote Rüben	60
Truthahn für die kleinere Runde	60
Barbarie Entenbrust mit Rahmkraut	62
Wurzelgemüse Coleslaw	66
Ente auf der Dose	68
Gefüllte Wildente	68
Winterliche Spare Ribs	70
Kräuter-Spare-Ribs	72

Toms Winterribs	**74**
Gespickter Schweinerücken	**76**
Apfel-Blunzen-Lasagne mit Meerrettich	**82**
Mini-Burger mit Curry-Senf-Sauce	**84**
Weißkohl vom Grill	**86**
Kalbstafelspitz mit Apfel-Meerrettich-Gemüse	**88**
Rinderrippen vom BBQ Smoker	**90**
Gefüllte Kartoffeln	**94**
Apfel-Feigen-Chutney	**98**
Rindersteak	**99**
Roastbeef mit Lebkuchen	**100**
Kartoffel-Apfel-Birnen-Gratin	**100**
Lammschulter	**104**
Winterliches Brot	**104**
Lammkarree	**106**
Hirschrücken	**112**
Rehschulter im Brot	**114**
Wildhasenrücken	**116**
Wilde Moink Balls	**118**
Radicchio vom Grill	**120**
Wildschweinfilet	**124**
Chili-Birnen	**124**
Reh nach Art der Jägersfrau	**128**
Hirschschulter mit Wurzelgemüse	**132**
Hirsch-Entrecote	**132**
Grillwerkstattbohnen	**134**
Chili-Rotkraut	**134**
Toms Winterapfel	**140**
Schoko-Nuss-Küchlein mit Appenzeller Äpfeln	**142**
Gegrillte Feigen	**146**
Trockenfruchtspieße mit Schuss	**148**
Buchteln	**150**
Kaiserschmarrn	**154**

winter-grillzeit

Grillen und BBQ erfährt in der jetzigen Zeit einen schier unaufhaltsamen Boom. Bei warmem Wetter, gemütlich im Garten oder an einem See, beim Wandern oder auf der bequemen Terrasse, der Grill ist allgegenwärtig.

Kaum eine Art der Zubereitung von Speisen versetzt die Gäste so in Staunen und Begeisterung, wie Grillen und BBQ. Gastgeber, die bereits Erfahrung damit haben, wissen aus Fachzeitschriften, Büchern und Grillkursen von der wahrhaft entschleunigenden Wirkung des Grillens.

Die Wintermonate werden in unseren Breitengraden als Zeit der Stille, Erholung und Ruhe gepflegt. Deshalb sind meiner Meinung nach genau diese Wochen die richtigen, um zu grillen. Also dann, wenn üppige Speisen den Weg auf den Grillrost finden, die mit wunderbar winterlichen Aromen veredelt werden können.

Alte, ursprüngliche Gemüsesorten gilt es, um diese Jahreszeit neu zu entdecken. Aber auch Rind, Schwein, Lamm, Geflügel oder Fisch – all diese Produkte lassen sich mit winterlichen Gewürzen und Beilagen absolut köstlich zubereiten. Dadurch eröffnet das Wintergrillen die Möglichkeit, völlig neue Geschmackskombinationen auf den Teller zu bringen.

Ich möchte Ihnen, liebe Leserinnen und Leser, mit diesem Buch zeigen, dass Grillen und BBQ im Winter keine Zwangspause machen. Mit Beginn der kalten Jahreszeit hält einfach eine neue, bislang viel zu wenig beachtete und vernachlässigte Saison Einzug ins Grilljahr. Die Vielfalt der Produkte, die sich in diesen Monaten eignen, auf dem Grillrost zubereitet und veredelt zu werden, ist enorm. Ich habe versucht, in diesem Buch für die Zubereitung alle gängigen Grilltypen zu benutzen. Die Rezepte sind auf Holz, Kohle oder Gasgeräten umsetzbar.

In diesem Sinne wünsche ich Ihnen viel Freude und
Inspiration mit diesem Buch

Mit feurig – rauchigen Grüssen

Ihr Tom Heinzle

danke

Danke sagen möchte ich meiner Frau und meinen beiden Söhnen, für die Geduld, die sie mir entgegenbringen, damit ich meinen Weg im Grillzirkus gehen kann.
Spezieller Dank gebührt meiner Frau Claudia, die mich immer wieder zu neuen Kombinationen und Rezepten inspiriert und mich mit ihrer konstruktiven Kritik zu Höchstleistungen am Grill und Smoker treibt.
Danken möchte ich auch meinem Team von Tom's Grillwerkstatt und allen meinen Partnern, die mich unterstützen und in der Vergangenheit immer an mich glaubten. Ich hoffe, das wird auch in Zukunft so sein.
Christine und Michael danke ich für die Umsetzung meiner Ideen in diesem Buch, meiner Familie, meinen Freunden und natürlich allen, die meine Grillkurse und Vorführungen besucht haben und zukünftig besuchen werden.

was man wissen sollte ...

Beim Wintergrillen wird nicht nur der Griller, sondern auch die Grills um ein Vielfaches mehr beansprucht als im warmen Sommer. Der Grillmeister kann sich von außen gut mit warmer, funktionalen Kleidung vor den eisigen Temperaturen schützen. Von innen hilft Tee oder ein guter Glühwein, um der Kälte zu trotzen.

Bei den Geräten ist es etwas anders. Im Winter liegt der Gasverbrauch bei den Gasgrills deutlich höher als im Sommer. Ich platziere daher die Gasgrills ganz bewusst an einem windgeschützten, wenn möglich sonnigen Platz, um so den Energieverbrauch etwas in Grenzen zu halten.

Beim BBQ Smoker, den ich übrigens im Winter besonders gerne benutze, erzeuge ich die Wärme mit einer Mischung aus Kohlebriketts und Holz. Mit den Briketts sichere ich mir die Grundwärme, die ich zum Arbeiten brauche, mit dem Holz erzeuge ich den Rauch, um das Grillgut zu veredeln.

Die klassischen Holzkohle-Kugelgrills eignen sich im Winter auch bestens. Auch hier arbeite ich mit Briketts, um die Grundwärme zu sichern, für die Raucharomen benutze ich Räucherchips mit verschiedensten Aromen.

welche geräte im winter:

Im Winter bevorzuge ich Holz und Holzkohlegrills, wie den BBQ Smoker oder den Keramikgrill Monolith. Für kurzgebratene Stücke nehme ich den Gasgrill, am liebsten mit einer Gussplatte, die die Wärme gut speichert.

Um einzelnen Gerichten die nötige rauchige Note zu geben, verwende ich bei Kohlegrills gerne gewässerte Holzspäne oder getrocknete Kräuter. Beim BBQ Smoker erreiche ich die Rauchnote mit verschiedenen Harthölzern, wie z. B. Buche, Birke oder Steinobstholz.

sicherheit beim grillen

★ Den Grill immer auf festen Untergrund stellen
★ Auf sicheren Abstand zu brennbaren Materialien achten
★ Den Grill nie unbeaufsichtigt lassen, achten Sie besonders darauf, dass keine Kinder im Grillbereich spielen
★ Niemals die Holzkohle mit Spiritus oder Benzin entzünden – Verpuffungsgefahr
★ Keine flüssigen Brennstoffe in bereits glimmende Holzkohle nachgießen
★ Sich entzündendes Fett nie mit Wasser löschen, sondern Fettbrände (brennender Grill) z. B. mit einer Löschdecke ersticken oder mit einem Pulverfeuerlöscher bekämpfen
★ Bei Brandverletzungen diese sofort über einen längeren Zeitraum mit Wasser kühlen
★ Grillkohle und Asche erst entsorgen, wenn sie völlig erkaltet sind
★ Löschdecke und Feuerlöscher müssen immer griffbereit sein
★ Festes, geschlossenes Schuhwerk tragen

was man braucht

Die erstklassige Qualität der Zutaten und natürlich auch der Geräte und Hilfsmittel sind beim Grillen und BBQ die Grundlage zum Erfolg. Es ist ein ungeschriebenes Gesetz, dass nur aus guter Qualität auch ein gutes Ergebnis erzielbar ist.

Lebensmittelskandale gab es in den vergangenen Jahren zuhauf und die Medien haben sicherlich einen wertvollen Beitrag geleistet, die Verbraucher zu sensibilisieren, wie wichtig es ist, dass wir wissen, woher die Tiere kommen, die wir essen und vor allem, wie sie aufgewachsen sind.
Aber nicht nur die Abkehr von der Massentierhaltung mit all ihren negativen, ja katastrophalen Konsequenzen für Mensch und Tier, Natur und Umwelt ist vonnöten, wir müssen auch wieder lernen, dass wir uns aus Gründen der Nachhaltigkeit und dem Respekt vor der Natur darauf besinnen sollten, Gemüse und Obst saisonal zu verbrauchen. Kein Griller braucht deshalb Angst zu haben, dass ein Verzicht auf Importware zu irgendeinem Zeitpunkt im Jahr dazu führen wird, vor einem leeren Grill darben zu müssen. Jede Jahreszeit bringt Produkte hervor, die sich perfekt auf dem Grill zubereiten lassen ... Gerade mit den sogenannten alten Gemüsesorten, wie z. B. Rote Rüben, Pastinaken oder Petersilienwurzel lassen sich im Winter wunderbar aromatische Grillgerichte zaubern.

Beim Grillen sollte man allerdings nicht nur auf die sorgfältige Auswahl der Lebensmittel achten, auch die erforderlichen Hilfsmittel müssen mit Bedacht ausgewählt werden. Ich benutze beispielsweise nur Hartholz aus der Region von Lieferanten, die ich kenne. Bei den Grillbriketts achte ich darauf, dass sie aus Buchenholz hergestellt sind und keine Braunkohle enthalten. Sie sollten mit natürlicher Stärke und nicht mit chemischen Hilfsmitteln gebunden sein. Dass ich keine Importkohle aus Tropenhölzern verwende, versteht sich von selbst. Auch bei den Anzündhilfen sollten wir auf natürliche Produkte zurückgreifen, damit keine störenden Gerüche an unser Grillgut gelangen.

Ganz wichtig sind natürlich auch die Arbeitsgeräte, auf denen gegrillt wird. Auch hier gilt: Nur mit guter Qualität kann gute Qualität erzeugt werden.

HACKFLEISCH
VON DER HIRSCHSCHULTER

Roastbeef

KALBSKOTELETT

Wilschweinfilet

ROASTBEEF

Saibling

sicherheit beim grillen

- ★ Den Grill immer auf festen Untergrund stellen
- ★ Auf sicheren Abstand zu brennbaren Materialien achten
- ★ Den Grill nie unbeaufsichtigt lassen, achten Sie besonders darauf, dass keine Kinder im Grillbereich spielen
- ★ Niemals die Holzkohle mit Spiritus oder Benzin entzünden – Verpuffungsgefahr
- ★ Keine flüssigen Brennstoffe in bereits glimmende Holzkohle nachgießen
- ★ Sich entzündendes Fett nie mit Wasser löschen, sondern Fettbrände (brennender Grill) z. B. mit einer Löschdecke ersticken oder mit einem Pulverfeuerlöscher bekämpfen
- ★ Bei Brandverletzungen diese sofort über einen längeren Zeitraum mit Wasser kühlen
- ★ Grillkohle und Asche erst entsorgen, wenn sie völlig erkaltet sind
- ★ Löschdecke und Feuerlöscher müssen immer griffbereit sein
- ★ Festes, geschlossenes Schuhwerk tragen

nützliche hinweise

Wir unterscheiden zwischen indirektem und direktem Grillen. Beim indirekten Grillen ist die Wärmequelle seitlich vom Grillgut, beim direkten Grillen ist die Wärmequelle unter dem Grillgut. Ich arbeite sehr gerne mit indirekter Hitze, um das Grillgut möglichst schonend zubereiten zu können. Es muss aber klar sein, dass diese Methode sehr zeitintensiv ist und den unerfahrenen Grillmeister in arge Bedrängnis bringen kann, wenn sich die Gäste bereits mit dezent knurrendem Magen und voll ungeduldiger Erwartung in der Warteschleife eingefunden haben.

Auch ich musste lernen, dass Planung beim Grillen ein wichtiger Baustein zum Erfolg ist. Es gibt für mich fast nichts Schlimmeres, als hungrige Gäste, die mit den Tellern in der Hand beim Grill stehen, während das Grillgut noch weit davon entfernt ist, in verzehrfertigem Zustand zu sein.

Besonders bei Familienfesten überbrücke ich solche Momente mit einfachem Fingerfood, einige Rezeptideen finden Sie in diesem Buch. Für besonders „harte" Fälle in meinem Familien- und Bekanntenkreis, die davon ausgehen, das Essen stehe bereits auf dem Tisch, wenn Sie eintreffen, halte ich immer einige Würste bereit, um rasch den gröbsten Hunger zu stillen. Somit steht dann auch für den Grillmeister einem gemütlichen Grillfest nichts mehr im Weg.

würzen und marinieren

Wir unterscheiden zwischen einer Trocken- und einer Nasswürzung. Ich bevorzuge die Trockenwürzung. In der Regel reibe ich das Grillgut mit einem hochwertigen Raps- oder Olivenöl ein. Auch andere Öle wie Walnuss-, Lein- oder Distelöl kommen je nach Fleischart zum Einsatz.

Bei der Trockenwürzung benutze ich das Öl lediglich als Haftgrund für das Gewürz. Im Unterschied dazu gibt das Öl bei der Nasswürzung auch Geschmack an das Grillgut ab und dient zugleich wieder als Haftgrund.

Das klassische Marinieren, wie wir es kennen, praktiziere ich eher selten. Ich arbeite ausschließlich mit besten Qualitäten von Fleisch, dieses in Marinade zu betäuben, widerstrebt mir.

Ich will mit meinen Gewürzmischungen erreichen, dass sie eine Symbiose mit dem Grillgut eingehen, um dessen Eigengeschmack zu unterstützen. Natürlich habe ich beim Thema Winter darauf geachtet, dass er in den Gerichten auch mit geschlossenen Augen zu erkennen ist.

In den Rezepten, die ich in diesem Buch zusammengetragen habe, verwende ich häufig eines meiner Lieblingskräuter. Und das nicht ganz selten. Es ist **DOST (ORIGANUM VULGARE)**, vielen vielleicht besser bekannt unter dem Namen **WILDER OREGANO**.
Wenn man ihn in der Natur sammeln will, sollte man auf Südhängen, an Bahndämmen, an Waldränder, auf Kalk- und Kiesböden Ausschau halten.
Er ist appetit- und stoffwechselanregend, wirkt krampflösend und entwässernd.
Man kann ihn für Wildgerichte und Wildkräutersalz ganz ähnlich wie Küchenoregano verwenden, er ist aber herber und kräftiger im Geschmack.
Und er hat etwas Magisches, denn wilder Oregano wird bei allen Reinigungsriten verwendet und häufig in einer Räuchermischung oder im ganzen Strauß im Haus aufgehängt.

Auch **BEIFUSS (ARTEMISIA VULGARIS)** kommt in einigen meiner winterlichen Rezepturen vor. Will man ihn sammeln, sollte man an Bahndämmen und auf Wiesen suchen. Er ist genauso wie der Dost appetitanregend und da er die Verdauung fördert, eignet er sich besonders gut zum Würzen fetter Speisen, wie beispielsweise Schwein, Ente oder Gans. Auch als Ingredienz im Wildkräutersalz schmeckt Beifuß sehr gut. Auch ihm werden magische Eigenschaften zugesprochen. Für die Indianer ist er ein sehr wichtiges Heilkraut. Es begleitet sie im Übergang zwischen den Welten bei Geburt und Tod.

vorräte für den winter schaffen

Unsere Vorfahren haben es uns vorgemacht und auch wir sollten schon während der Sommer- und Herbstmonate einen gewissen Vorrat an Kräutern und Früchten für den Winter schaffen. Sicherlich ist es in der heutigen Zeit ein Einfaches, alles vom Supermarkt an der Ecke zu holen. Aber ist das Bequemste auch immer das Beste? Das, was einem ein richtig gutes Gefühl gibt? Für mich nicht.

Ich gehe, wenn es irgendwie möglich ist, gerne sonntags ganz früh aus dem Haus, um einen ausgedehnten Spaziergang zu machen. Das Rheintal, wo ich wohne, birgt eine fast unerschöpfliche Vielfalt an Wildkräutern, die man nur pflücken und trocknen muss. So verbringe ich sonntags einige ruhige Stunden in der Natur, um Beifuß, Ackerminze, wilden Majoran und weitere Wildkräuter zu sammeln, die ich anschließend in einem kühlen, gut durchlüfteten Raum trockne. So bringe ich gerne etwas Wildnis in meine Gerichte. Natürlich ist der gesundheitliche Aspekt der Verwendung von Wildkräutern beim Grillen und BBQ äußerst positiv.

Bei der einen oder anderen Wanderung mit der Familie in den Vorarlberger Bergen suche ich nach wildem Thymian, den ich dann einige Zeit in erwärmtem Honig ziehen lasse, um so einen einzigartigen Wildthymianhonig als Würz- und Heilmittel für den Winter zu bekommen.

Auch Gras mit Wildkräutern sammle ich bei der Gelegenheit von Wiesen, die nicht mit Gülle gedüngt werden. Dieses Gras lasse ich dann zuhause zu Heu trocknen und verwende es im Winter zum Grillen.

Es gibt genügend Fachliteratur über Wildkräuter, die uns hilft, die richtigen Kräuter zu erkennen und uns Tipps und Tricks zu deren Verarbeitung und auch Heilwirkung liefert.

Natürlich gibt es beim Kräutersammeln Regeln, die wir beachten müssen:

- Nur Kräuter sammeln, die man kennt
- Keine Kräuter neben Straßen oder Hundespazierwegen sammeln
- Und natürlich fair sein zur Natur und nicht alles von einem Fleck nehmen

Salz kommt in fast jeder Gewürzmischung vor – das ist aber längst nicht der einzige Grund, weshalb man es nur in bester Qualität verwenden sollte … Ich verwende zum Grillen ausschließlich „gutes" Salz, also ein Salz, das nicht industriell bearbeitet wurde und dem keine Geschmacksstoffe, Rieselhilfen oder sonstigen chemischen Produkte zugesetzt sind. Bevorzugt verwende ich Stein- oder Himalaya-Salz, Fleur de Sel, Murray River Salt aus Australien, schwarzes Hawaii-Salz und kroatisches Meersalz, das mir mein Bruder aus den Ferien mitbringt.

meine gewürzmischungen

Rotes Gewürzsalz

Ich mische mir immer ein rotes Gewürzsalz auf Vorrat, das ich als Grundmischung für andere Gewürze verwende. Die Mischung besteht aus folgenden Zutaten: Je 1/3 Salz, Curry (Schärfe nach Geschmack) und Paprikapulver (kann auch geräuchert – Pimentón – oder scharf sein) gründlich miteinander vermischen. Es ist meine Universalwürzmischung für alle gegrillten Fleischgerichte.

Geflügelgewürz

6 EL rotes Gewürzsalz mit 1 EL gemahlenem Rosmarin, 1 TL gemahlenem Knoblauch und 1 EL gemahlenem Bohnenkraut anreichern.

Gewürzmischung für kräftige Fleischsorten

6 EL rotes Gewürzsalz, 2 TL Senfpulver, 1 EL brauner Zucker, 1 EL Kreuzkümmel, 1 TL Chilipulver und 1 TL Knoblauchpulver gründlich miteinander vermischen.

Fischgewürz

Zu gleichen Teilen Salz, gemahlenen Selleriesamen, gemahlenen Bockshornklee, getrocknete und gemahlene Orangenschalen, schwarzen, gemahlenen Pfeffer, weißen, gemahlenen Pfeffer, gemahlenen Kardamom, gemahlenen, mittelscharfen Chili gründlich miteinander vermischen. Diese Zutaten ergeben ein fruchtig-exotisches Fischgewürz, das genauso für Süß- wie auch für Meerwasserfische benutzt werden kann.

Wildgewürz

6 EL rotes Gewürzsalz, 2 TL gemahlenen Dost, 2 TL gemahlenen Rosmarin, 1 TL gemahlenen Kardamom, ½ TL gemahlenen Anis, 1 TL zerstoßene rosa Beeren, 1 TL gemahlene Wacholderbeeren, 1 TL gemahlene Lorbeerblätter, 2 TL Garam Masala (Indische Gewürzmischung) gründlich miteinander vermischen.

Wildkräutersalz

½ kg grobes, feuchtes Meersalz, 1 EL fein gehackter Dost, 1 EL fein gehackter wilder Thymian, 1 EL fein gehackte Ackerminze, 1 EL fein gehackte Beifußblätter und -samen und 1 EL fein gehackte Wurzel vom Engelwurz gründlich miteinander vermischen und 2–3 Wochen in einem verschossenen Gefäß ziehen lassen. Danach fein mörsern und in kleinere Gefäße abfüllen. Dieses Gewürzsalz eignet sich hervorragend zum Würzen von Wildfleisch, Wintergemüse, Dips und auch für Saucen.

Dörrobst

Auch das Haltbarmachen von Früchten durch den Vorgang des Dörrens wird immer beliebter. Dörrfrüchte sind für mich ein fester Bestandteil beim Wintergrillen und ich verwende sie in allen möglichen Kombinationen. Ich habe das Glück, dass ich von einem Bekannten stets Dörrfrüchte von allerbester Qualität bekomme. Er verfolgt immer voller Vorfreude und Neugierde, was ich wohl diesmal aus seinen Früchten machen werde. Besonders gut eignen sich die folgenden Früchte zum Wintergrillen: Äpfel, Aprikosen, Ananas, Birnen, Datteln, Feigen und Zwetschgen.

wildfleisch – eine gesunde delikatesse

Obwohl Wild sehr gesund ist, führt es auf heimischen Speisekarten immer noch ein Schattendasein. Wegen seines charakteristischen Geschmacks und seines geringen Fettgehalts ist Wildbret auch für die „Gesunde Küche" hervorragend geeignet. Ganz besonders im Winter, mit den entsprechenden winterlichen Aromen gewürzt, sind Wildgerichte eine wunderbare Delikatesse.

Die weitgehend stressfreie Lebensweise unseres Wildes in der freien Natur, seine uneingeschränkte Bewegungsfreiheit und seine abwechslungsreiche Nahrung aus Kräutern und Gräsern sind unmittelbar für den Geschmack des Wildfleisches verantwortlich.

Das Wild gehört (neben dem Fisch) zu den eiweißreichsten Fleischarten. Sein Proteingehalt ist höher als der von Schlachttieren. Außerdem hat Wildbret einen sehr geringen Fettanteil, dadurch auch einen niedrigeren Cholesteringehalt als Fleisch von Schlachttieren. Fett tritt zwar als Geschmacksträger auf, doch es genügt ein Anteil von ein bis zwei Prozent, um diese Eigenschaft voll zur Entfaltung zu bringen. Wild ist somit eiweißreich, aber relativ fettarm und somit ideal für leichte Gerichte zu verwenden.

Die meisten Metzger bieten Wild an, aber auch in Delikatessenläden oder direkt beim Jäger können Sie Wildfleisch kaufen.

Wenn Sie Wildfleisch in Top-Qualität beim Jäger oder Metzger kaufen, können Sie also sicher sein, dass folgender Standard eingehalten wurde:

- nur gesundes, nicht gehetztes, gut genährtes Wild aus freier Wildbahn, das fachgerecht erlegt wurde
- binnen kürzester Zeit nach dem Erlegen Ankunft im Kühlraum
- danach keine Unterbrechung der Kühlkette
- sachgerechte und hygienisch einwandfreie Versorgung und Bearbeitung des Wildfleisches
- Einhaltung der optimalen Fleischreifungsdauer
- gesetzeskonformer Kühlraum
- gesetzeskonformer Bearbeitungsraum

Zum Würzen neben Salz und frisch gemahlenem Pfeffer sollten eher frische Kräuter verwendet werden. Wacholder, Koriander, Majoran, Rosmarin, Thymian, Beifuß und Koriander eignen sich am besten.

Orangen- und Zitronenschalen, Nelken, Zimt, Ingwer, Lebkuchengewürz, Piment, Gin und Portwein geben dem Wild zusätzlich interessante und äußerst reizvolle Geschmacksrichtungen.

Empfohlene Kerntemperaturen bei bester Fleischqualität:

Wildschweinbraten (Hals)	75–78 °C
Wildschweinrücken	62–64 °C
Wildschweinfilet	60–62 °C
Wildschweinkeule	72–75 °C
Reh und Hirsch (Braten)	75–78 °C
Reh und Hirschkeule	65–72 °C
Reh und Hirschrücken, rosa	60–63 °C
Wildgeflügel, leicht rosa	65–70 °C
Feldhase (Rücken)	55–60 °C

FINGERFOOD

Fingerfood ist bei jeder Grillparty der ideale Einstieg. Zusammen mit einem Glas Wein, Bier oder im Winter mit einem heißen Glühwein kann man seine Gäste auf eine tolles Fest einstimmen. Im Winter grille ich natürlich etwas deftigeres Fingerfood, jedoch nicht ohne eine gewisse Raffinesse in das Gericht zu bringen. Und natürlich verwende ich dort, wo es möglich ist, regionale Zutaten.

käsewürfel im speckmantel

ZUTATEN:

16 Käsewürfel aus einem kräftigen Käse (z. B. 8 Monate gereifter Bergkäse), Kantenlänge ca. 2 cm
2 EL Thymian, getrocknet
2 EL Honig
32 Scheiben Bauchspeck, geräuchert

Die Hälfte der Speckscheiben auf einem Brett auslegen. Auf jede ausgelegte Speckscheibe einen Käsewürfel setzen und mit etwas Honig und Thymian würzen. Nun den Käsewürfel in den Speck einwickeln. Mit der anderen Hälfte der Speckscheiben jetzt die offenen Seiten des Würfels umwickeln, sodass ein geschlossenes Päckchen entsteht und der Käse, wenn er schmilzt, nicht so leicht austreten kann.
Jetzt auf dem sehr heißen Grill bei direkter Hitze rundum grillen, bis der Speck schön knusprig ist.

lebkuchen mit räucherspeck und chili

ZUTATEN:
16 Lebkuchenwürfel, Kantenlänge ca. 2 cm
2 EL Honig
16 Streifen scharfe Chilischote
16 Scheiben Räucherspeck

Den Speck auf einem Brett auslegen, je ein Stück Lebkuchen und einen Streifen Chili daraufsetzen. Mit einem großen Tropfen Honig verfeinern. Nun das Ganze zusammenrollen und auf dem sehr heißen Grill bei direkter Hitze rundum grillen, bis der Speck schön knusprig ist.

Leider sind unsere vegetarischen Mitmenschen beim Grillen etwas benachteiligt, weil es doch irgendwie immer ums Fleisch geht. Meist werden sie mit Grillkäse oder irgendwelchen lieblos zubereiteten Tofuprodukten regelrecht abgespeist. Dass Mutter Natur auch im Winter einiges an tollem Gemüse zu bieten hat, gilt eigentlich nur zu entdecken und auszuprobieren. Auch in unserer Familie ist eine Vegetarierin, die von mir immer separat begrillt wird.

wintergemüse vom grill

Das Gemüse auf einer großen Aluschale verteilen und mit Olivenöl beträufeln. Dann mit wildem Majoran und Rosmarin würzen. Vorsichtig durchmischen und dann auf dem heißen Grill bei direkter Hitze und etwa 250 °C grillen, bis das Gemüse bissfest ist. Auf einer Platte anrichten, mit Salz und je nach Geschmack mit dem Orangen-Abrieb, dem Szechuanpfeffer und etwas Salz abschmecken. Mit etwas Olivenöl verfeinern und mit selbst gemachtem Brot servieren.

ZUTATEN:

2 gelbe Rüben, geschält und längs in 8 Teile geschnitten

2 Pastinaken, geschält und längs in 8 Teile geschnitten

4 Kräuterseitlinge, in ca. 5 mm dicke Scheiben geschnitten

2 kleine Fenchelknollen, halbiert

2 Gemüsezwiebeln, halbiert

1 Kohlrabi, geschält und in ca. 5 mm dicke Scheiben geschnitten

5 EL Olivenöl

2 TL Salz

1 TL Dost, fein gehackt

1 TL Rosmarin, fein gehackt

1–2 TL Abrieb einer Bio-Orange

Szechuanpfeffer

ZUTATEN:
2 reife Camemberts
in der Spanholzverpackung
etwa 10 gedörrte Zwetschgen
20 ml Zwetschgenbrand
Chilipulver
6 EL Zwetschgenmarmelade

ZUSÄTZLICH:
Räucherbrettchen aus
Zedernholz, mindestens
5 Stunden gewässert
etwas Küchenschnur

winter-camembert

Die Zwetschgen in feine Streifen schneiden. In einer Schüssel mit der Marmelade und dem Brand vermischen, mit dem Chilipulver abschmecken und ca. 1 Stunde ziehen lassen.
Den Camembert (wenn möglich mit dem Unterteil der Holzschachtel) auf dem Räucherbrett platzieren, eventuell die Holzschachtel mit einer Schnur rundherum zubinden und verschnüren, damit sie beim Grillen nicht aufgeht. Die Zwetschgenmasse gleichmäßig auf dem Käse verteilen. Bei geschlossenem Deckel bei ca. 200 °C indirekt grillen, bis der Käse zu schmelzen beginnt (das dauert ca. 10–15 Minuten).
Mit etwas gegrilltem Weißbrot servieren.

Den Honig gründlich mit Chili und Senf verrühren. Den Lachs auf der Fleischseite mit dem Fischgewürz würzen und mit der Paste aus Honig, Senf und Chili bestreichen. Das Ganze für ca. 10 Minuten einziehen lassen. Auf dem Räucherbrettchen bei ca. 120–140 °C für 30 Minuten indirekt grillen.

lachs

ZUTATEN:
1 Lachsseite, grillfertig
2 EL Honig
2 EL grobkörniger, süßer Senf
½ TL Chili
2 TL Fischgewürz (Seite 23)

ZUSÄTZLICH:
2 Räucherbrettchen,
ca. 5 Stunden gewässert

Fischfilets lassen sich praktisch in jedem Grill räuchern. Auf dem Gasgrill mit einer Räucherbox (fragen Sie Ihren Fachhändler), auf dem Kugelgrill oder Watersmoker mit gewässerten Räucherspänen oder natürlich auf dem BBQ Smoker mit Holz. Bei diesem Rezept räuchere ich die Beilage gleich mit. So entsteht ein schmackhaftes Gericht, bei dem Sie die Räuchernote individuell variieren können.

Die Fischfilets auf der Fleischseite mit etwas Olivenöl bestreichen. Für die Würzmischung alle Zutaten gut vermischen und die Filets auf der geölten Seite großzügig würzen. Die Pilze und die Chilis im restlichen Olivenöl wenden und mit Salz und dem Rosmarin bestreuen.

Nun die Pilze und Chilis am Stiel mit einem Holzspieß durchstoßen, sodass die Küchenschnur eingefädelt werden kann, und anschließend das Gemüse im Räucherturm des Smokers aufhängen.

Nun die Fischfilets auf den Rosten im Räucherturm platzieren und bei 80 °C ca. 50-60 Minuten räuchern. Die Pilze und Chilis in feine Scheiben schneiden und das mit dem Dill verfeinerte Forellenfilet darauf platzieren. Mit einem kräftigem Weißwein, z. B. einem Chardonnay Barrique, genießen.

geräuchertes forellenfilet mit geräucherten pilzen und habaneros

ZUTATEN:

4 Forellenfilets mit Haut
6 Steinpilze
4–6 Chilis (Habanero oder nach Geschmack auch eine mildere Sorte)
4 EL Olivenöl
1 TL Salz
4 TL Dill, fein gehackt
2 TL Rosmarin, gehackt

ZUSÄTZLICH:

Küchenschnur

FÜR DIE WÜRZMISCHUNG:

½ TL Bockshornklee, gemahlen
½ TL getrocknete Orangenschale, gemahlen
½ TL schwarzer Pfeffer, gemahlen
½ TL weißer Pfeffer, gemahlen
½ TL Selleriesamen, gemahlen
½ TL Kardamom, gemahlen
½ TL Chili mittelscharf, gemahlen

ZUTATEN:
1 Saibling, grillfertig, ca. 300 g pro Person
1 großer Kopf Wirsing
1 Bio-Zitrone, Saft
2 TL Salz
einige Zweige Thymian

ZUSÄTZLICH:
Küchenschnur

saibling im wirsingmantel

Den Saibling innen gut salzen und mit etwas Zitronensaft beträufeln. Einen Thymianzweig in den Bauchraum stecken. Nun die Blätter vom Wirsing abziehen und in 2 Lagen um den Saibling wickeln. Das Ganze mit der Küchenschnur verschnüren. Bei direkter Hitze, ca. 180 °C, und geschlossenem Deckel etwa 15 Minuten pro Seite grillen. Die erste, verkohlte Schicht Wirsing entfernen, die Haut einseitig vom Fisch abziehen, mit etwas Salz nachwürzen und servieren. Der Wirsing kann bei diesem Gericht als Beilage mitgegessen werden.

Der Saibling ist ein sehr beliebter Fisch, der sich wegen seines etwas höheren Fettgehaltes bestens zum Grillen eignet. Man sollte aber unbedingt darauf achten, nur mittelgroße Fische zu verwenden, sonst ist er einfach zu fett. Zusammen mit dem Wirsing ergibt sich ein sehr interessantes Gericht.

1 EL Gewürzmischung, 1 Zitrone, in Scheiben geschnitten, 2 Knoblauchzehen, in Scheiben geschnitten, Salz und Zucker in einem Gefrierbeutel mit Wasser vermischen. Die Hühnerfilets in die Flüssigkeit geben und ca. 3 Stunden einlegen.

Das Fleisch trocken tupfen, mit der Gewürzmischung würzen und bei indirekter Hitze (ca. 180 °C) auf dem Räucherbrettchen grillen, dabei öfter mit der Marinade bestreichen.

Wenn eine Kerntemperatur von 67 °C erreicht ist, 5 Minuten in Folie gewickelt ruhen lassen, dann servieren.

appenzeller kräuter-hühnchen

ZUTATEN:
1 halbes Hähnchenbrustfilet pro Person
1 Zitrone
2 Knoblauchzehen
2 EL Salz
1 EL Zucker

AUSSERDEM:
2 Räucherbrettchen, für ca. 5 Stunden in Wasser eingeweicht

FÜR DIE MARINADE:
100 ml Apfelsaft
30 ml Appenzeller Alpenbitter
2 EL Honig
2 TL Gewürzmischung

FÜR DIE GEWÜRZMISCHUNG:
3 EL Paprikapulver
3 TL Knoblauchpulver
3 EL Curry
3 TL Salz
3 TL Rosmarin, gemahlen
3 TL Bohnenkraut, gemahlen
alles gründlich miteinander vermischt

Appenzeller Kräuter-Hühnchen ist eines meiner Lieblingsrezepte. Wahrscheinlich liegt es daran, dass ich den Appenzeller Alpenbitter, ein Getränk aus der benachbarten Schweiz, mit 42 Kräutern äußerst gerne trinke und natürlich auch, weil ich mit diesem Rezept bei der Grill und BBQ WM in Gronau einen Treffer landen konnte.

Das Hühnchen auf der Dose (hier sitzt allerdings eine Ente auf der Dose, Rezept siehe Seite 68) ist sicherlich der Eyecatcher auf jeder Grillparty. Es gibt aber noch eine ähnlich spektakuläre Zubereitungsart, die auf praktisch allen gängigen Grillgeräten machbar ist, vorausgesetzt, der Grill eignet sich zum indirekten Grillen und hat einen Deckel.

hühnchen im heubeet

Die Kräuter gründlich mit den Gewürzen vermischen. Das Kräuterheu in ca. 1 l Wasser und 80 ml Whisky oder Rum ca. 2 Stunden einweichen. Das Huhn mit dem eingeweichten Heu ausstopfen, außen kräftig mit der Gewürzmischung würzen und auf dem Grill bei 200 °C und indirekter Hitze 1½ Stunden grillen.

ZUTATEN:

1 Huhn, grillfertig
80 ml Whisky oder guter Rum
1 EL Pimentón, mild
1 TL Knoblauchpulver
1 EL Curry
1 TL Salz
½ TL Chilipulver
1 TL brauner Zucker
1 TL Kreuzkümmel
1 TL Zimt, gemahlen
selbst gesammeltes Bergkräuterheu oder Bio-Heu aus dem Gartencenter

SO SCHMECKT'S AUCH

Diese beiden Varianten für das Hühnchen mit Heu lohnt es sich auf jeden Fall auszuprobieren. Das erste Rezept auf Seite 53 ist der ursprünglichen Version ziemlich ähnlich, jedoch etwas rustikaler in der Ausführung und für all diejenigen gedacht, die sich mit Hühnchen in Kombination mit Whisky oder Rum nicht anfreunden können. Das zweite ist nicht weniger interessant und kann sich bei Ihrem Grillfest zum richtigen Hingucker entwickeln.

hühnchen mit kräuterheu, süßwein und zimt

Die Gewürze gut vermischen. Das Kräuterheu in 500 ml Wasser und dem Süßwein ca. 2 Stunden einweichen. Das Huhn mit dem eingeweichten Heu und den Zimtstangen ausstopfen, außen kräftig mit der Gewürzmischung würzen und auf dem Grill bei 200 °C und indirekter Hitze 1½ Stunden grillen.

ZUTATEN:
1 Huhn, grillfertig
100 ml Süßwein (Beerenauslese, Eiswein oder Moscato)
1 EL Pimentón, mild
1 TL Knoblauchpulver
1 EL Curry
1 TL Salz
½ TL Chilipulver
1 TL brauner Zucker
1 TL Sternanis, gemahlen
4 Zimtstangen
selbst gesammeltes Bergkräuterheu oder Bio-Heu aus dem Gartencenter

ZUTATEN:
1 Huhn, grillfertig
2 mittelgroße Bio-Orangen
1 EL Piment, mild
1 TL Knoblauchpulver
1 EL Curry
1 TL Salz
½ TL Chilipulver
1 TL brauner Zucker
1 TL getrocknete Orangenschalen, gemahlen
20 Nelken, ganz

ZUSÄTZLICH:
2 Bambus-Grillspieße

hühnchen mit orangen und nelken

Die Gewürze, den Zucker und die getrockneten Orangenschalen gut vermischen.
Die Orangen mit den Nelken spicken und die Früchte danach leicht andrücken, sodass der Orangensaft austreten kann.
Die beiden Orangen nun in den Bauchraum des Hühnchens einführen und diesen dann, genauso wie den Halsansatz mit je einem Grillspieß verschließen. Außen kräftig mit der Gewürzmischung würzen und auf dem Grill bei 200 °C und indirekter Hitze 1½ Stunden grillen.

truthahn nach toms art

ZUTATEN FÜR DIE WASSER-WÜRZMISCHUNG:

6 EL Salz
4 EL Paprikapulver, edelsüß
4 EL Currypulver
4 EL Bohnenkraut, gemahlen
2 Bio-Orangen, in Scheiben geschnitten
4 Knoblauchzehen, angedrückt
4 Scheiben frischer Ingwer
6 Lorbeerblätter, getrocknet
1 großzügiger Schuss (80 ml) Irish Whiskey
so viel Wasser, dass der Truthahn bedeckt ist

ZUTATEN FÜR DEN TRUTHAHN:

1 Truthahn, ca. 5 kg, über Nacht aromatisiert (s.o.)
3 EL Paprikapulver
3 EL Curry, mild
2 EL Salz
1 EL Bohnenkraut, gemahlen
1 EL Rosmarin, gemahlen
1 TL Zimt, gemahlen
1 TL Nelken, gemahlen
½ TL Chili, gemahlen
1 EL Zitronenpfeffer
1 EL brauner Zucker
4 EL Olivenöl
Apfelsaft in einer Sprühflasche
2 Handvoll Apfelräucherchips, mindestens 2 Stunden in Wasser eingeweicht

Die Kräuter, die Gewürze und das Salz gründlich mischen. Den Truthahn mit dem Öl einreiben und anschließend großzügig mit der Gewürzmischung einreiben.
Den BBQ Smoker auf 120 °C vorheizen. Den Truthahn nun bei indirekter Hitze auf eine Kerntemperatur von 80 °C grillen. Die Temperatur wird an der Innenseite der Keulen gemessen. Während der Grillphase öfter mit den Räucherchips räuchern und mit Apfelsaft besprühen, sodass die Haut schön knusprig wird.
Als Beilage serviere ich Wurzelgemüse Coleslaw (siehe Seite 66) und ein Kartoffel-Apfel-Birnen-Gratin (siehe Seite 100) und natürlich ein gutes Glas Rotwein.
Dieses Rezept kann man auch mit einem Watersmoker oder einem größeren Kugelgrill zubereiten.

Am Weihnachtstag, wenn meine ganze Familie mit Anhang bei uns zum Essen eingeladen ist, gibt es einen für unsere Gegend eher untypischen Truthahn vom BBQ Smoker. Die Vorbereitung beginnt immer schon am Vortag. Ich lege den 5-kg-Vogel für 24 Stunden in einer Wasser-Würzmischung ein, um das Fleisch des Hauptakteurs unseres weihnachtlichen Festschmauses von innen zu aromatisieren.

gefüllte rote rüben

ZUTATEN:

1 rote Rübe (Rote Bete) gekocht, pro Person
100 g Montafoner Sura Kees oder Feta
2 EL Walnüsse, gerieben
2 Zehen Knoblauch, fein gehackt
1 TL Dost

Aus Käse, Knoblauch, Walnüssen, Öl und Dost eine Paste mischen. Die Rüben aushöhlen und mit der Paste füllen. Anschließend indirekt bei 200 °C grillen, bis der Käse schmilzt (ca. 20–30 Minuten).

truthahn für die kleinere runde

ZUTATEN:

1 Truthahnkeule, ca. 1½ kg
3 EL Paprikapulver
3 EL Curry, mild
2 EL Salz
1 EL Bohnenkraut, gemahlen
1 EL Rosmarin, gemahlen
1 TL Zimt, gemahlen
1 TL Nelken, gemahlen
½ TL Chili, gemahlen
1 EL Zitronenpfeffer
1 EL brauner Zucker, fein gemahlen
4 EL Olivenöl
Apfelsaft in einer Sprühflasche
3 EL Reissirup

ZUSÄTZLICH:

1 Handvoll in Wasser eingeweichte Räucherspäne

Die Gewürze, den Zucker und das Salz gut mischen. Die Keule mit dem Öl einreiben und anschließend großzügig mit der Gewürzmischung einreiben.
Den BBQ Smoker oder den Grill auf 120 °C vorheizen. Die Keule nun bei indirekter Hitze auf eine Kerntemperatur von 80 °C grillen. Während der Grillphase öfter mit den Räucherspänen räuchern. Kurz vor dem Servieren mit etwas Reissirup bestreichen und die Hitze im Grill für 10 Minuten auf 200 °C erhöhen, dann wird die Haut richtig knusprig. Auch hier schmeckt als Beilage das Wurzelgemüse Coleslaw (Seite 66) und ein Rotwein oder ein kräftiger Weißwein.

Dies ist eine einfache Variante eines nur auf den ersten Blick schwierig erscheinenden Gerichtes. Mit dem Rahmkraut als Beilage können Sie mit diesem winterlichen Essen garantiert punkten.

barbarie entenbrust mit rahmkraut

Aus Sojasauce, Ingwer, Honig und Zimt eine Marinade mischen.
Das Fett der Entenbrust vorsichtig rautenförmig einschneiden, dabei darauf achten, dass das Fleisch nicht verletzt wird.
Das Fleisch mit dem Paprikapulver, Salz und Pfeffer rundum würzen.
Die Entenbrüste mit der Fettseite nach unten bei 80 °C und indirekter Hitze etwa 45 Minuten ziehen lassen.
Als Variante können Sie auch mit eingeweichten Räucherspänen räuchern, die Sie vorher in Wasser eingeweicht haben.
Anschließend das Fleisch umdrehen, die Fettseite mit der Marinade bepinseln und bei direkter Hitze und etwa 180 °C 10 Minuten bei geschlossenem Deckel grillen.
Das Kraut in feine Streifen schneiden. Die Speckwürfel und die Zwiebel in einer Gusspfanne so lange braten, bis das Ganze Farbe annimmt.
Dann das Kraut zugeben und mit dem Rahm ablöschen. Etwa 10 Minuten garen lassen und dann mit Salz und etwas Pimentón abschmecken.
Die dünn aufgeschnittene Entenbrust auf dem Rahmkraut servieren.

ZUTATEN:

1 kleine Entenbrust pro Person
1 Kopf Weißkraut
1 Zwiebel, fein geschnitten
1 TL Pimentón
4 EL Speck, gewürfelt
750 ml Rahm
1 TL Paprikapulver, edelsüß
1 TL Salz
1 TL schwarzer Pfeffer, gemahlen
2 EL Sojasauce
1 TL Ingwer
2 EL Honig
2 TL Zimt

Mal eine andere, „heimische" Variante des amerikanischen Klassikers der BBQ-Welt, zubereitet aus winterlichem Wurzelgemüse.

wurzelgemüse coleslaw

ZUTATEN:
1 Sellerieknolle, geraspelt
2 Karotten, geraspelt
1 gelbe Rübe, geraspelt
1 Zwiebel, in feine Streifen geschnitten
4 EL Mayonnaise
250 ml Sauerrahm
2 EL Öl
2 EL Apfelessig, mild
1 TL Salz
1 TL Pfeffer, zerstoßen
Meerrettich nach Geschmack

Das Gemüse mit den restlichen Zutaten vermischen und gut durchkneten. Über Nacht im Kühlschrank ziehen lassen. Vor dem Servieren mit Salz und Pfeffer abschmecken. Eventuell mit etwas geriebenem Meerrettich verfeinern.

Dieses Gericht ist an das genauso bekannte wie beliebte Beer But Chicken angelehnt. Ich finde die Idee mit der Dose genial, und die eher vornehme Variante mit der Wildente bekommt mit dem Rotwein noch dazu eine gewisse Noblesse.

ente auf der dose

Das Geflügelgewürz, den Beifuß und das Harissa miteinander vermischen. Bei einer Orange die Schale abreiben und beiseitestellen. Nun diese Orange auspressen und die Ente danach zuerst mit dem Saft und dann mit der Gewürzmischung einreiben. Die Dose mit dem Rotwein und dem Orangenabrieb füllen und in den Bauchraum der Ente einführen. Das Ganze bei indirekter Hitze von ca. 200 °C und geschlossenem Deckel etwa 1 Stunde grillen.
Die zweite Orange schälen, die Filets herausschneiden und in etwas Butter anschwenken. Mit Salz abschmecken und zur tranchierten Ente servieren.

ZUTATEN:

1 Wildente, grillfertig, ca. 1 kg
2 Bio-Orangen
1 leere Bier- oder Limonadendose
250 ml Rotwein (Merlot, Blauer Zweigelt oder Cabernet Sauvignon)
2 EL Geflügelgewürz (Seite 23)
½ TL Beifuß, gemahlen
1 TL Harissa (Afrikanische Gewürzmischung, Trockenmischung)
2 EL Butter
½ TL Salz

ZUTATEN:

1 Wildente, grillfertig, ca. 1 kg
1 Dose
1 Orange
2 EL Geflügelgewürz (Seite 23)
½ TL Beifuß, gemahlen
1 TL Harissa (Afrikanische Gewürzmischung, Trockenmischung)
1 TL Salz
2 Eier
5 EL Knödelbrot (dort, wo man Knödelbrot nicht fertig zu kaufen bekommt, macht man es selbst, indem man altbackene Brötchenreste klein würfelt)
6 Maroni, gekocht
100 ml Milch

ZUSÄTZLICH:

1 Bambus-Grillspieß

gefüllte wildente

Für die Füllung die beiden Eier verquirlen und mit der Milch, dem Knödelbrot und den Maroni gut vermischen. Mit Salz und Pfeffer abschmecken.
Das Geflügelgewürz, den Beifuß und das Harissa miteinander vermischen. Die Orange auspressen und nun die Ente zuerst mit dem Saft und dann mit der Gewürzmischung einreiben. Die Füllung in den Bauch der Ente stopfen und diesen mit einem Grillspieß verschließen. Die Ente bei indirekter Hitze von ca. 200 °C und geschlossenem Deckel etwa 1 Stunde grillen.

SPARE RIBS MAL SO UND MAL ANDERS

Praktisch jeder Grillmeister wird an seinen Ribs gemessen, darum gibt es eine so große Vielfalt an Rezepten. Der Fantasie sind speziell bei Spare Ribs keine Grenzen gesetzt. Mit den folgenden 3 Versionen meiner Spare Ribs möchte ich versuchen, Sie zu inspirieren.

Auch bei den Spare Ribs bevorzuge ich die sogenannte Trockenwürzung. Egal, wie ich die Ribs würze und nach dem Grillen verfeinere, eines mache ich bei allen Versionen gleich: Ich ziehe zuerst die Knochenhaut ab und lege die Rippchen für 2–3 Stunden mit der Fleischseite nach unten in Apfelsaft ein, in den ich einen kleinen Schuss Apfelessig mische. Dieses Einlegen hat einen positiven Einfluss auf das anschließende Grillen und macht das Fleisch zarter. Diese Ribs eignen sich zur Zubereitung auf dem Smoker, dem Kugelgrill und auch auf jedem Gasgrill.

winterliche spare ribs

ZUTATEN:
4 Reihen Spare Ribs, eingelegt in der Apfelsaft-Apfelessig-Mischung und ohne Knochenhaut (siehe oben)
400 ml Apfelsaft + 100 ml Apfelsaft
etwas Apfelessig

WÜRZMISCHUNG:
1 TL Kreuzkümmel, gemahlen
1 TL Röstzwiebeln, gemahlen
1 TL Knoblauchpulver
1 TL Salz
1 TL schwarzer Pfeffer, gemahlen
2 TL Paprika
2 TL Currypulver
½ TL Chilipulver
2 TL brauner Zucker
1 TL Garam Masala (Indische Gewürzmischung)

GLASUR FÜR DAS FINISH:
3 EL Honig
1 TL frischer Ingwer, gerieben
1 TL Knoblauch, fein gehackt
2 EL Sojasauce
4 EL Apfelsaft

ZUSÄTZLICH:
Alufolie
Frischhaltefolie

Für die Würzmischung alle Zutaten vermengen und anschließend die feuchten Ribs großzügig damit würzen, die restliche Würzmischung beiseitestellen. Die Rippchen in Frischhaltefolie einschlagen und 2–3 Stunden im Kühlschrank ziehen lassen.

Die Ribs bei direkter Hitze auf der Fleischseite scharf angrillen, dann zusammen mit 100 ml Apfelsaft mit der Fleischseite nach oben in Alufolie einschlagen. Bei 120 °C indirekter Hitze und geschlossenem Deckel 2 Stunden garen lassen.

In der Zwischenzeit für das Finish Ingwer, Knoblauch, Honig, Apfelsaft und die restliche Würzmischung vermengen.

Die Folie öffnen und die Fleischseite mit der Glasur bestreichen. Die Hitze im Grill auf ca. 200 °C erhöhen und die Rippchen bei geschlossenem Deckel ca. 10 Minuten glasieren.

kräuter-spare-ribs

Für die Würzmischung alle Zutaten vermengen und anschließend die feuchten Ribs großzügig damit würzen und die restliche Würzmischung beiseitestellen. Die Rippchen in Frischhaltefolie einschlagen und 2–3 Stunden im Kühlschrank ziehen lassen.

Die Ribs bei direkter Hitze auf der Fleischseite scharf angrillen und zusammen mit 100 ml Apfelsaft mit der Fleischseite nach oben in Alufolie einschlagen. Dann bei 120 °C indirekter Hitze und geschlossenem Deckel 2 Stunden garen.

In der Zwischenzeit für das Finish Ingwer, Knoblauch, Honig, Appenzeller Alpenbitter, Apfelsaft und die restliche Würzmischung vermengen. Die Folie öffnen und die Fleischseite mit der Glasur bestreichen. Die Hitze im Grill auf ca. 200 °C erhöhen und die Rippchen bei geschlossenem Deckel ca. 10 Minuten glasieren.

ZUTATEN:

4 Reihen Spare Ribs, eingelegt in der Apfelsaft-Apfelessig-Mischung und ohne Knochenhaut (siehe Seite 70)

400 ml Apfelsaft + 100 ml Apfelsaft
etwas Apfelessig

WÜRZMISCHUNG:

1 TL Kreuzkümmel, gemahlen
1 TL Zwiebelpulver
1 TL Knoblauchpulver
1 TL Salz
1 TL schwarzer Pfeffer, gemahlen
2 TL Paprika gemahlen
2 TL Currypulver
½ TL Chilipulver
1 TL brauner Zucker
½ TL Piment, gemahlen

GLASUR FÜR DAS FINISH:

3 EL Honig
1 TL frischer Ingwer, gerieben
1 TL Knoblauch, fein gehackt
4 EL Appenzeller Alpenbitter
4 EL Apfelsaft

ZUSÄTZLICH:

Alufolie
Frischhaltefolie

ZUTATEN:

4 Reihen Spare Ribs, eingelegt in der Apfelsaft-Apfelessig-Mischung und ohne Knochenhaut (siehe Seite 70)

400 ml Apfelsaft + 100 ml Apfelsaft
etwas Apfelessig

WÜRZMISCHUNG:

½ TL Zimt, gemahlen
1 TL Selleriesamen, gemahlen
1 TL Rauchsalz
1 TL schwarzer Pfeffer, gemahlen
2 TL Rauchpaprika
2 TL Currypulver
½ TL scharfes Chilipulver
1 TL brauner Zucker
½ TL Nelken, gemahlen
½ TL Kümmel, gemahlen
½ TL Orangenschale getrocknet, gemahlen

GLASUR FÜR DAS FINISH:

4 EL Orangenkonfitüre
1 TL Knoblauch, fein gehackt
4 EL Sojasauce
4 EL Orangensaft

ZUSÄTZLICH:

Alufolie
Frischhaltefolie

toms winterribs

Für die Würzmischung alle Zutaten vermengen und anschließend die feuchten Ribs großzügig damit würzen und die restliche Würzmischung beiseitestellen. Die Rippchen in Frischhaltefolie einschlagen und 2–3 Stunden im Kühlschrank ziehen lassen.
Die Ribs bei direkter Hitze auf der Fleischseite scharf angrillen und zusammen mit 100 ml Apfelsaft mit der Fleischseite nach oben in Alufolie einschlagen. Dann bei 120 °C indirekter Hitze und geschlossenem Deckel 2 Stunden garen lassen. Zwischenzeitlich für das Finish Orangenmarmelade, Knoblauch, Orangensaft, Sojasauce und die restliche Würzmischung vermengen.
Die Folie öffnen und die Fleischseite mit der Glasur bestreichen. Die Hitze im Grill auf ca. 200 °C erhöhen und die Rippchen bei geschlossenem Deckel ca. 10 Minuten glasieren.

Ein wahrhaft fürstliches Gericht für die kalte Winterzeit. Einfach in der Herstellung, aber sicher ein Volltreffer bei Ihren Gästen.

gespickter schweinerücken

ZUTATEN:

ca. 1 kg Schweinerücken mit Fettauflage
20 Knoblauchstifte
10 Lorbeerblätter, in Wasser eingeweicht
einige Rosmarinzweige
2 TL Kümmel
2 TL Nelken
2 TL Salz
Eisbock oder Bockbier in einer Sprühflasche

Die Schwarte mit einem scharfen Messer bis zum Fleisch rautenförmig einschneiden, dabei darauf achten, dass dieses nicht verletzt wird. Mit einem spitzen Messer die Schwartenwürfel gleichmässig einstechen. Die Einstiche mit je einem Knoblauchstift und einigen Rosmarinnadeln spicken. Die Lorbeerblätter gleichmässig in den Fettritzen verteilen. Mit Salz, Kümmel und Nelken das Fleisch rundum würzen.
Über Nacht im Kühlschrank ziehen lassen. Bei 90–120 °C indirekt grillen, bis eine Kerntemperatur von 65 °C erreicht ist. Während des Grillens öfter mit dem Bier besprühen.

Blutwurst zum Kaltverzehr, speziell im Osten Österreichs auch Blunze genannt, ist eine alte Spezialität, die beinahe in Vergessenheit geraten ist. Wir genießen die Blunze zur Brotzeit oder Vesper mit reichlich Meerrettich und Sauerteigbrot. Diese Variante vom Grill, kombiniert mit Äpfeln, eignet sich sehr gut als Vorspeise.

ZUTATEN:
12 Scheiben Blunze, ca. 5 mm dick
16 Scheiben säuerlicher Apfel, z. B. Boskoop
2 EL Meerrettich, frisch gerieben
4 TL Orangenzesten
2 TL Salz
1 Becher Sauerrahm
1 TL schwarzer Pfeffer, gemahlen

apfel-blunzen-lasagne mit meerrettich

Die Apfel- und Blunzenscheiben bei direkter Hitze (ca. 200 °C) beidseitig grillen, bis die Äpfel weich sind und die Blunzen etwas Farbe angenommen haben. Nun die Äpfel mit Salz und Pfeffer, die Blunzenscheiben mit der Orangenschale würzen. Ein Türmchen aus 4 Apfel- und 3 Blunzenscheiben bauen, dazu abwechselnd zuerst eine Apfelscheibe und danach eine Blunzenscheibe aufschichten. Den Meerrettich und den Rahm vermischen, mit Salz und Pfeffer abschmecken und zusammen mit dem Türmchen servieren. Etwas gegrilltes Sauerteigbrot dazu reichen.

Eine etwas rustikale Beilage vom Grill, die erst auf den 2. Blick überzeugt. Die Kombination aus der eher einfachen BBQ-Sauce und den raffinierten Wildkräutern entwickelt sich zu einem richtigen Gaumenkitzler.

miniburger mit curry–senf-sauce

ZUTATEN:

500 g Rinderhack mit 20 Prozent Fettanteil vom Metzger des Vertrauens
1 EL Worcestershiresauce Sauce
2 TL Salz
1 TL Pfeffer
6 EL Senf
3 TL Currypulver
3 Essiggurken, fein gehackt
8 Miniburger-Brötchen
2 Handvoll Feldsalat

Das Rinderhack mit der Worcestershiresauce vermischen und mit Salz und Pfeffer abschmecken. 8 gleiche, ca. 1,5 cm hohe Burger aus der Masse formen. Nun bei direkter Hitze pro Seite ca. 3–4 Minuten grillen. An einem warmen Ort in Folie eingepackt 3–4 Minuten ruhen lassen.
Den Senf mit den Essiggurken und dem Curry gründlich vermischen, mit etwas Salz und Pfeffer abschmecken. Die Burger im Burgerbrötchen mit dem Currysenf und etwas Feldsalat servieren.

Eine etwas rustikale Beilage vom Grill, die erst auf den 2. Blick überzeugt. Die Kombination aus der eher einfachen BBQ-Sauce und den raffinierten Wildkräutern entwickelt sich zu einem richtigen Gaumenkitzler.

weißkohl vom grill

Den Speck und die Zwiebel in einer Grillpfanne 3–5 Minuten leicht anbräunen. Den Strunk großzügig aus dem Kohl herausschneiden. Den Kohl mit der ausgeschnittenen Öffnung nach oben auf dem Grill platzieren und das Speck-Zwiebel-Gemisch mit dem Salz, den Kräutern, der Orangenschale und der BBQ-Sauce vermischt in der Öffnung verteilen. Den Kohl mit Einsatz von Räucherchips auf einem Kugelgrill bei 180 °C ca. 1–1½ Stunden indirekt grillen, bis der Kohl weich ist.

ZUTATEN:

4 Scheiben Speck, in Würfel geschnitten

1 kleine Zwiebel, fein gehackt

1 mittelgroßer Weißkohl

60 ml BBQ-Sauce

2 TL Dost, fein gehackt

2 TL Rosmarin, fein gehackt

2 TL Salz

1 TL Pfeffer

1 TL geriebene Orangenschale

1 Handvoll Räucherchips (Apfel), eingeweicht

Der klassische Tafelspitz ist eine meiner Lieblingsspeisen und ein absoluter Klassiker der Österreichischen Küche. Lange habe ich mir überlegt, wie ich dieses wunderbare Gericht auf dem BBQ Smoker oder dem Grill zubereiten kann.

Einen Tafelspitz vom Kalb finde ich besonders lecker. Wichtig ist bei diesem Stück, bei dem es sich eigentlich um ein Schmorstück handelt, dass mit einer relativ niedrigen Hitze von 100–120 °C gearbeitet wird – und wenn der Tafelspitz dann auf die richtige Kerntemperatur gebracht ist, entpuppt er sich, nicht zuletzt mit dieser ausgefallenen Beilage, als wahrer Gaumenschmaus.

kalbstafelspitz mit apfel-meerrettich-gemüse

ZUTATEN:
1 kg Kalbstafelspitz
½ TL Salz
¼ TL Piment, gemahlen
¼ TL Kümmel, gemahlen
1 TL Paprikapulver, edelsüß
½ TL Curry
½ TL Thymian, gemahlen
6 Äpfel, z. B. Boskoop
2 EL Olivenöl
1 TL schwarzer Pfeffer, gemahlen
2 EL Meerrettich, frisch gerieben
Apfelsaft

Salz, Piment, Kümmel, Paprikapulver, Curry und Thymian vermischen und den Tafelspitz damit rundum gründlich würzen.
Den Tafelspitz im Smoker bei maximal 120 °C ca. 1½ Stunden smoken (oder in einem anderen Grill indirekt grillen), bis eine Kerntemperatur von 65 °C erreicht ist. Dabei das Fleisch öfter mit Apfelsaft besprühen, damit der Rand nicht austrocknet.
Äpfel vom Kerngehäuse befreien und in ca. 2 cm große, gleichmäßige Stücke schneiden.
Das Öl in einer Gusspfanne oder im Wok erhitzen und die Apfelstücke darin anbraten, bis sie weich sind. Mit Salz und Pfeffer abschmecken und den Meerrettich untermischen. Zusammen mit dem Tafelspitz servieren.

Das folgende Rezept hat mich beim ersten Zubereiten fast um den Verstand gebracht. Wir haben einige Freunde zum Grillabend eingeladen, mit der Ankündigung es gäbe – wie immer – etwas Besonderes. Ich habe mir bei meinem Metzger Rinderrippen bestellt, deren Zubereitung aber völlig unterschätzt. In meiner Euphorie habe ich angenommen, dass die Rinderrippen eine ähnlich lange Garzeit haben wie die Schweinerippen. Nun gut, die Spare Ribs vom Schwein bringe ich in 3 Stunden in einer Spitzenqualität auf den Teller. Nur bei den Rinderrippen brauchte ich sage und schreibe 7 Stunden, bis sie von meiner innerlichen Qualitätskontrolle die Freigabe zum Verzehr erhalten haben. Leider waren nach dieser Zeit alle Beilagen und auch das Dessert verzehrt und die Rippen bekamen nicht mehr die Wertschätzung, die ich und sie eigentlich verdient gehabt hätten. Beim nächsten Grillabend mit denselben Gästen waren die Rinderrippen nach anfänglich merklich zu spürender Skepsis aller Beteiligten – außer bei mir natürlich – ein Erfolg auf der ganzen Linie.

rinderrippen
vom BBQ smoker

ZUTATEN:

2 Reihen Rinderrippen, vom Metzger zugeputzt
2 EL Kreuzkümmel
2 EL Paprikapulver, edelsüß
1 EL Salz
1 EL brauner Zucker
1 TL Chili
½ TL Koriander, gemahlen
1 TL Senfpulver
1 TL Rosmarin, gemahlen
2 l Apfelsaft

Den Apfelsaft in eine große Schale geben und die Rippen darin etwa 3 Stunden einlegen. Die Kräuter und die Gewürze gut vermischen. Die Rippen aus dem Apfelsaft nehmen, abtropfen lassen und mit der Gewürzmischung großzügig einreiben.
In Frischhaltefolie einpacken und am besten über Nacht im Kühlschrank ziehen lassen.
Den BBQ oder Watersmoker auf 90 °C einheizen. Die Rippen ca. 2 Stunden bei 80–90 °C räuchern. Danach die Temperatur auf 120 °C erhöhen und die Rippen weitere 5 Stunden grillen. Während dieser Zeit öfter mit Apfelsaft besprühen.

ZUTATEN:
1 Kartoffel pro Person
1 EL Rosmarin, fein gehackt
2 TL Salz
6 EL Sauerrahm
1 TL Pfeffer, frisch gemahlen
etwas geriebener Käse zum Überbacken

gefüllte kartoffeln

Die Kartoffeln halbieren und mit der Schnittseite nach unten in einer Alutasse abgedeckt bei direkter Hitze garen, bis die sie weich sind. Nun mit einem Kugelausstecher die Kartoffel aushöhlen. Die Masse mit dem Rosmarin, Salz, Pfeffer und Sauerrahm zu einer homogenen Masse zerdrücken. Nun die Kartoffeln mit der Masse füllen und mit etwas Käse bestreuen. Bei indirekter Hitze und 200 °C ca. 15 Minuten grillen, bis der Käse geschmolzen ist.

Als kleine, feine Beilage serviere ich gerne ein selbst gemachtes Chutney. Beim Chutney achte ich immer darauf, dass ich süß, sauer und scharf miteinander kombinieren kann.

apfel-feigen-chutney

ZUTATEN:

2 Äpfel, entkernt und in kleine Würfel geschnitten
4 getrocknete Feigen, in kleine Würfel geschnitten
1 kleine Chilischote, fein gewürfelt
1 EL Apfelessig
2 EL Apfelgelee
½ TL Salz
½ TL Pfeffer
½ Zwiebel, fein gehackt
2 EL Olivenöl

Das Olivenöl in einem kleinen Topf erwärmen und die Zwiebel darin glasig dünsten. Mit dem Essig ablöschen und die restlichen Zutaten dazugeben. Nun das Ganze verkochen und reduzieren lassen. Noch heiß in saubere Gläschen füllen und auf dem Deckel stehend auskühlen lassen.

... schmeckt zu vielen Grillgerichten, auch zu dem Steak rechts.

Bei Rindfleisch bevorzuge ich unabhängig von den verschiedenen Rinderrassen und -teilen Steaks, die mindestens eine Dicke von 3 cm haben.

Der Vorgang des Grillens bei den verschiedenen Rindersteaks (Entrecote, Ribeye, Hüfte, Sirloin usw.) ist immer der gleiche. Ich lege das Fleisch auf den heißen Grillrost (bei direkter Hitze) und warte, bis die Flüssigkeit aus dem Muskelgewebe kommt. Dann drehe ich das Fleisch und grille es, bis wiederum die Flüssigkeit aus dem Gewebe tritt. Dann lasse ich das Fleisch in Folie gewickelt an einem warmen Ort 5 Minuten nachziehen.

Erst dann würze ich mit einem groben Meersalz und einem hochwertigen Pfeffer oder einer Pfeffermischung. So kann der Eigengeschmack des Fleisches genossen werden.

Mit diesem Gericht können Sie Ihre Lieben zu Heilig Abend so richtig verwöhnen.

roastbeef mit lebkuchen

ZUTATEN:

1 kg Roastbeef ohne Fettauflage
200 ml Süßmost
200 ml Dunkelbier
6 EL Lebkuchen, gerieben

FÜR DIE GEWÜRZMISCHUNG:

2 TL Salz
2 TL Senfpulver
2 TL brauner Zucker
2 TL Kreuzkümmel
1 TL Chilipulver
1 TL Knoblauchpulver
2 TL Paprikapulver
1 TL schwarzer Pfeffer, gemahlen
Alles gründlich miteinander vermischt

Den Lebkuchen mit dem Bier, dem Süßmost und 2 EL Gewürzmischung zu einer Marinade mischen. Das Roastbeef mit dem restlichen Gewürz würzen. Auf dem Grill bei indirekter Hitze bei 120 °C bis zu einer Kerntemperatur von 58 °C grillen. Während der Grillphase ständig mit der Marinade bestreichen. Sobald ca. 56 °C Kerntemperatur erreicht sind, mit dem Bestreichen aufhören. Das Fleisch vor dem Servieren an einem warmen Ort noch einige Minuten ruhen lassen. Dazu passt das, Kartoffel-Apfel-Birnen-Gratin (siehe unten).

kartoffel-apfel-birnen-gratin
aus dem Dutch Oven

ZUTATEN:

1 kg Kartoffeln
3 Winteräpfel
3 Birnen
200 g Fetakäse
2 Zwiebeln
2 Becher Sahne
2 Becher Crème fraîche
1 TL Pfeffer
1 TL Salz
1 TL Paprikapulver
1 Msp. Muskatnuss
2 Eier
1 TL Thymian, getrocknet
2 EL Olivenöl

Die Kartoffeln schälen und in dünne Scheiben schneiden. Die Äpfel und Birnen schälen, vom Kerngehäuse befreien und ebenfalls in dünne Scheiben schneiden. Die Zwiebel fein hacken, den Feta zerbröckeln. Die Sahne mit der Crème fraîche, den Eiern und den Gewürzen in einer Schüssel verquirlen.
Ca. 10 glühende Briketts unter dem Dutch Oven platzieren, die Zwiebeln mit Olivenöl andünsten. Nun die Kartoffelscheiben, die Äpfel und Birnen mit dem Feta und den Zwiebeln abwechselnd in den Dutch Oven schichten. Zum Schluss mit der Sauce übergießen. Den Deckel darauf setzen, weitere 15 glühende Briketts auf den Deckel geben und das Gratin ca. 1½ Stunden garen.

VARIANTE: Verfeinern Sie das Gratin, indem Sie eine Handvoll Rosinen in die Sauce geben.

lammschulter

Die Lammschulter mit dem Öl einreiben. Die Gewürze vermischen und das Lamm rundum gut damit würzen. Am besten einige Sunden oder über Nacht im Kühlschrank einziehen lassen.
Den Grill zum indirekten Grillen vorbereiten, bzw. den Smoker anheizen. Das Lamm bei maximal 120 °C auf eine Kerntemperatur von 65–67 °C bringen. Während des Grillens öfter räuchern.

ZUTATEN:
800 g Lammschulter ohne Knochen, das Fett möglichst gründlich entfernt
1 EL Rosmarin, fein gehackt
1 TL Salz
1 TL Pfeffer
1 TL Koriander, fein gehackt
1 TL Minze, fein gehackt
2 EL Olivenöl

ZUSÄTZLICH:
Räucherspäne oder eine Räucherbox, sollten Sie einen BBQ Smoker ihr Eigen nennen, ist dieser die erste Wahl.

winterliches brot

Das Mehl, die Trockenhefe, das Salz und das Olivenöl mit etwas Wasser in einer Schüssel zu einem festen Teig verarbeiten. An einem warmen Ort gehen lassen, bis sich das Volumen verdoppelt hat. Den Teig nochmals durchkneten und 4 gleichgroße Kugeln formen. Mit einem Nudelholz ausrollen und in der Mitte etwas Schimmelkäse platzieren. Die Birne mit einer Reibe darüberreiben. Den Teig verschließen und ein Brötchen daraus formen. Bei indirekter Hitze (180–200 °C) ca. 30 Minuten backen. Nehmen Sie ein Brötchen vom Grill und klopfen mit den Fingern auf den Brötchenboden. Wenn es hohl klingt, sind die Brötchen fertig.

ZUTATEN:
600 g Mehl
1 TL Salz
1 Päckchen Trockenhefe
250 ml lauwarmes Wasser
2 EL Olivenöl
60 g Blauschimmelkäse
1 Birne

lammkarree

Das Salz mit den Wacholderbeeren, dem Pfeffer, dem Rosmarin und dem Olivenöl vermischen. Das Gemisch mit einem Pinsel auf die Lammkarrees auftragen und diese 2–3 Stunden im Kühlschrank ziehen lassen. Die Butter, die Semmelbrösel, den Parmesan und die restliche Marinade zu einer homogenen, festen Panade verarbeiten. Nun das Lamm etwas trockentupfen und bei direkter Hitze (200 °C) auf der Fleischseite ca. 5 Minuten grillen. Vom Grill nehmen und die Fleischseite großzügig mit der Panade bestreichen. Das Lamm indirekt bei ca. 180 °C weitere 5 Minuten grillen.

Für die Beilage die Schnittflächen der Pastinakenhälften mit etwas Olivenöl bestreichen und bei direkter Hitze (ca. 200 °C) etwa 7–8 Minuten grillen.

ZUTATEN:

2 Lammkarrees, geputzt
1 TL Wacholderbeeren, fein zerstoßen
1 TL Salz
4 EL Olivenöl
2 EL Semmelbrösel
1 TL Pfeffer
1 TL Rosmarin, gemahlen
1 EL Parmesan, gerieben
2 EL warme Butter
2 Pastinaken, halbiert

So putzt man ein Lammkarree:

ZUTATEN
FÜR DIE FÜLLUNG:

600 g Rehschulter, ausgelöst

4 mittelgroße Pilze, z. B. Kräuterseitlinge oder Steinpilze

1 TL Salz,

½ TL Pfeffer

½ TL Wacholderbeeren, gemahlen

½ TL Piment, gemahlen

½ TL Dost, gemahlen

½ TL Rosmarin, gemahlen

2 EL Olivenöl

FÜR DAS BROT:

600 g Mehl

1 TL Salz

1 Päckchen Trockenhefe

250 ml lauwarmes Wasser

2 EL Olivenöl

rehschulter im brot

BROT:

Das Mehl mit der Trockenhefe, dem Salz, dem Olivenöl und etwas Wasser in einer Schüssel zu einem festen Teig verarbeiten. An einem warmen Ort gehen lassen, bis sich das Volumen verdoppelt hat. Den Teig nochmals durchkneten und 4 gleichgroße Brötchen daraus formen. Bei indirekter Hitze (180–200 °C) ca. 30 Minuten backen. Nehmen Sie ein Brötchen vom Grill und klopfen mit den Fingern auf den Brötchenboden. Wenn es hohl klingt, sind die Brötchen fertig.

REHSCHULTER:

Die Rehschulter mit etwas Olivenöl einreiben. Salz, Pfeffer, Kräuter und die übrigen Gewürze gründlich miteinander vermischen. Das Fleisch rundum scharf anbraten und dann bei indirekter Hitze (120–140 °C) ca. 1 Stunde grillen, bis eine Kerntemperatur von 72–74 °C erreicht ist. Das Reh in Alufolie einpacken und ca. 10 Minuten an einem warmen Ort ruhen lassen.
Die Pilze in mundgerechte Stücke schneiden und mit etwas Olivenöl im Wok oder einer Grillpfanne bissfest angrillen.
Auch die Rehschulter in kleine Stücke schneiden und mit den Pilzen vermengen. Eventuell mit etwas Salz und Pfeffer abschmecken. In die bereits aufgeschnittenen Brötchen füllen – fertig. Je nach Geschmack mit Konfitüre aus wilden Preiselbeeren, Chili und Indonesischem Langpfeffer verfeinern.

Wildfleisch ist für jeden Grillmeister eine große Herausforderung. Da es kaum Fett besitzt, muss peinlichst genau auf die Kerntemperaturen geachtet werden. Ich brate Edelstücke (Rücken, Filet) praktisch nie scharf an. Am liebsten arbeite ich von Anfang an mit indirekter Hitze. So erreiche ich, dass das Edelstück komplett rosa wird und keinen trockenen Rand bekommt.

Wildfleisch gehört zu den gesündesten Fleischsorten. Wild ernährt sich von Gras, Kräutern und Zweigen, bekommt keine Antibiotika und hat normalerweise keinen Stress beim Schlachten, da es bei einem gezielten Schuss des Jägers in Sekundenschnelle stirbt.

Wild spielt bei meinen Grillkursen ab September regelmäßig eine wichtige Rolle. Es gibt immer mehr Genießer, die ein saftig gegrilltes Stück Wildfleisch einem in Rotwein ertränkten Wild, so wie es die meisten kennen, vorziehen.

Weidmanns Dank.

Den Hirschrücken mit dem Olivenöl einreiben. Das Paprikapulver mit dem Salz, den Wacholderbeeren, dem Lorbeer, dem Piment und dem Dost vermischen und den Hirsch gründlich damit würzen.
3–4 Stunden im Kühlschrank ziehen lassen.
1 Stunde vor dem Grillen aus dem Kühlschrank nehmen und mit der Küchenschnur die Wacholder-, Rosmarin- und Dostzweige um das Fleisch binden.
Nun auf dem BBQ Smoker oder einem anderen Grill bei 120 °C indirekter Hitze und geschlossenem Deckel auf eine Kerntemperatur von 60 °C ziehen lassen.

hirschrücken

ZUTATEN:

1 kg Hirschrücken, geputzt
1 TL Paprikapulver
1 TL Salz
1 TL Wacholderbeeren, fein gehackt
½ TL Lorbeerblätter, fein zerstoßen
1 TL Piment, gemahlen
1 TL Dost, fein zerstoßen
2 EL Olivenöl
2 Zweige Wacholder
2 Zweige Rosmarin
2 Zweige Dost, mit Blüten

ZUSÄTZLICH:

etwas Küchenschnur

ZUTATEN
FÜR DIE FÜLLUNG:

600 g Rehschulter, ausgelöst

4 mittelgroße Pilze, z. B. Kräuterseitlinge oder Steinpilze

1 TL Salz,

½ TL Pfeffer

½ TL Wacholderbeeren, gemahlen

½ TL Piment, gemahlen

½ TL Dost, gemahlen

½ TL Rosmarin, gemahlen

2 EL Olivenöl

FÜR DAS BROT:

600 g Mehl

1 TL Salz

1 Päckchen Trockenhefe

250 ml lauwarmes Wasser

2 EL Olivenöl

rehschulter im brot

BROT:

Das Mehl mit der Trockenhefe, dem Salz, dem Olivenöl und etwas Wasser in einer Schüssel zu einem festen Teig verarbeiten. An einem warmen Ort gehen lassen, bis sich das Volumen verdoppelt hat. Den Teig nochmals durchkneten und 4 gleichgroße Brötchen daraus formen. Bei indirekter Hitze (180–200 °C) ca. 30 Minuten backen. Nehmen Sie ein Brötchen vom Grill und klopfen mit den Fingern auf den Brötchenboden. Wenn es hohl klingt, sind die Brötchen fertig.

REHSCHULTER:

Die Rehschulter mit etwas Olivenöl einreiben. Salz, Pfeffer, Kräuter und die übrigen Gewürze gründlich miteinander vermischen. Das Fleisch rundum scharf anbraten und dann bei indirekter Hitze (120–140 °C) ca. 1 Stunde grillen, bis eine Kerntemperatur von 72–74 °C erreicht ist. Das Reh in Alufolie einpacken und ca. 10 Minuten an einem warmen Ort ruhen lassen.
Die Pilze in mundgerechte Stücke schneiden und mit etwas Olivenöl im Wok oder einer Grillpfanne bissfest angrillen.
Auch die Rehschulter in kleine Stücke schneiden und mit den Pilzen vermengen. Eventuell mit etwas Salz und Pfeffer abschmecken. In die bereits aufgeschnittenen Brötchen füllen – fertig. Je nach Geschmack mit Konfitüre aus wilden Preiselbeeren, Chili und Indonesischem Langpfeffer verfeinern.

Das Rezept ist wie viele andere aus einer Laune entstanden. Meine Jungs essen sehr gerne „Fleisch von der Stange" im Brot mit Salat, Tomaten, Zwiebelringen und Joghurtsauce, das man in städtischen Gebieten an fast jeder Ecke bekommt.
Diese eher noble Version ist eine ländlich-entschleunigte Variante – und verdient sicherlich nicht den Namen Fast Food …

Das Rezept ist wie viele andere aus einer Laune entstanden. Meine Jungs essen sehr gerne „Fleisch von der Stange" im Brot mit Salat, Tomaten, Zwiebelringen und Joghurtsauce, das man in städtischen Gebieten an fast jeder Ecke bekommt.
Diese eher noble Version ist eine ländlich-entschleunigte Variante – und verdient sicherlich nicht den Namen Fast Food ...

Mit dem Wildhasenrücken ist das so eine Sache. Eigentlich schreit er förmlich danach, trocken zu werden. Es gibt eine ganz einfache Methode, ihn auf dem Grill köstlich zuzubereiten.

wildhasenrücken

ZUTATEN:

12 Wildhasenrücken, ausgelöst
24 Scheiben getrockneter Schinken (z. B. San Daniele, Parma)
schwarzer Pfeffer
Salz
2–3 EL Olivenöl
3 Steinpilze, in Scheiben geschnitten

Die Hasenrücken mit schwarzem Pfeffer würzen. Dann in den getrockneten Schinken einwickeln. Die Pilze mit dem Olivenöl marinieren und etwas salzen. Das Fleisch bei direkter Hitze (ca. 250 °C) rundum grillen, bis der Schinken knusprig ist, dann ist auch das Fleisch medium gebraten. Die Pilze ebenfalls bei direkter Hitze ca. 4–5 Minuten pro Seite grillen und mit dem Fleisch servieren.

Das Rezept ist wie viele andere aus einer Laune entstanden. Meine Jungs essen sehr gerne „Fleisch von der Stange" im Brot mit Salat, Tomaten, Zwiebelringen und Joghurtsauce, das man in städtischen Gebieten an fast jeder Ecke bekommt.
Diese eher noble Version ist eine ländlich-entschleunigte Variante – und verdient sicherlich nicht den Namen Fast Food …

Mit dem Wildhasenrücken ist das so eine Sache. Eigentlich schreit er förmlich danach, trocken zu werden. Es gibt eine ganz einfache Methode, ihn auf dem Grill köstlich zuzubereiten.

wildhasenrücken

ZUTATEN:

12 Wildhasenrücken, ausgelöst
24 Scheiben getrockneter Schinken (z. B. San Daniele, Parma)
schwarzer Pfeffer
Salz
2–3 EL Olivenöl
3 Steinpilze, in Scheiben geschnitten

Die Hasenrücken mit schwarzem Pfeffer würzen. Dann in den getrockneten Schinken einwickeln. Die Pilze mit dem Olivenöl marinieren und etwas salzen. Das Fleisch bei direkter Hitze (ca. 250 °C) rundum grillen, bis der Schinken knusprig ist, dann ist auch das Fleisch medium gebraten. Die Pilze ebenfalls bei direkter Hitze ca. 4–5 Minuten pro Seite grillen und mit dem Fleisch servieren.

Eine ländlic

wildschweinfilet

ZUATTEN:
2 Wildschweinfilets
2 EL Walnussöl
1 TL Paprikapulver
1 TL Salz
1 TL Ras el Hanout
½ TL Kümmel, gemahlen
½ TL Nelken, gemahlen

Die Gewürze gut vermischen. Die Filets mit dem Öl einreiben und mit der Gewürzmischung würzen. 1–2 Stunden ziehen lassen. Bei indirekter Hitze auf dem Holzkohle- oder Gasgrill bei geschlossenem Deckel bei ca. 120–140 °C etwa 1½ Stunden auf eine Kerntemperatur von 58–60 °C ziehen lassen. Je nach Geschmack kann auch etwas Rauch eingesetzt werden.

chili-birnen

ZUATTEN:
4 Birnen, geviertelt und
vom Kerngehäuse befreit
2 mittelscharfe Chilis, fein gehackt
Salz
1 EL Butter

Die Butter in einem Wok erwärmen. Die Birnen zufügen und etwa 5 Minuten bei hoher Hitze braten. Mit Chili und Salz abschmecken.

Eine ländliche Edelvariante eines BBQ-Klassikers – da werden Ihre Gäste Augen machen ...

ZUTATEN:

500 g Hackfleisch von der Hirschschulter, sehr frisch

2 EL getrocknete Apfelscheiben, in kleine Würfel geschnitten

2 TL Salz

1 TL schwarzer Pfeffer

1 TL Dost, gemahlen

1 Schuss Gin (es können auch 2 Schuss sein)

4 Scheiben Wildschweinspeck, geräuchert

AUSSERDEM:

2 Räucherbrettchen, mindestens 5 Stunden in Wasser eingeweicht

wilde moink balls

Die Apfelwürfel 1 Stunde in etwas Gin einweichen. Das Fleisch mit den Gewürzen gut mischen. Nun die Apfelwürfel dazugeben und 12 gleichgroße Kugeln formen. 4 Stück mit dem Speck umwickeln. Die Balls auf die Räucherbrettchen setzen und bei geschlossenem Deckel bei 200 °C indirekt ca. 30 Minuten grillen.
Tipp: Wilde Preiselbeer-Konfitüre mit Langpfeffer und Chili abgeschmeckt als Dip dazu servieren.

radicchio vom grill

ZUTATEN:
4 kleine Radicchio Treviso
6 EL Kürbiskernöl
3 EL Honig
2 Knoblauchzehen, gepresst
1 TL Salz
1 TL Pfeffer
2 EL dunkler Balsamico
1 EL Apfelessig

Das Öl mit Essig, Honig, Knoblauch, Pfeffer und Salz zu einer Marinade vermischen. Den Radicchio halbieren und die Schnittflächen mit etwas Marinade bestreichen und kurz einziehen lassen. Nun mit den Schnittflächen nach unten bei direkter Hitze und ca. 200 °C grillen, bis der Salat etwas zusammenfällt. Nun vom Grill nehmen und die Schnittflächen nochmals mit der Marinade bestreichen – fertig.

Den Dutch Oven auf 20 glühende Kohlebriketts stellen und darin das Olivenöl erhitzen. Die Zwiebel mit etwas Tomatenmark andünsten. Reh, Gemüse, Kräuter, Rotwein, Brühe und passierte Tomaten zugeben. Den Dutch Oven zudecken, nochmals 12 glühende Briketts auf den Deckel geben. Danach das Fleisch etwa 2 Stunden weich schmoren.

Das Fleisch und die groben Kräuter herausnehmen, die Sauce fein pürieren und eventuell mit Trüffelsalz und Pfeffer abschmecken. Das Fleisch in der Sauce servieren.

reh nach art der jägersfrau
aus dem Dutch Oven

ZUTATEN:

500 g Rehschulter, gewürfelt

1 Karotte, gewaschen und in Stücke geschnitten

1 Stange Staudensellerie, gewaschen und grob zerkleinert

2 Knoblauchzehen, halbiert

1 Zwiebel, fein gehackt

1 Zweig Rosmarin

2 Lorbeerblätter

750 ml Rotwein

500 ml Fleischbrühe

6 EL Olivenöl

3 EL Tomatenmark

1 Dose passierte Tomaten

Salz

Pfeffer aus der Mühle

eventuell etwas Trüffelsalz

Kann auch als Vorspeise in der Tasse serviert werden

hirschschulter mit wurzelgemüse

Das Fleisch flach auslegen. Pastinake, Rübe und Dost darauf verteilen. Das Ganze zusammenrollen und mit der Küchenschnur binden. Nun die Gewürze vermischen. Das Fleisch außen mit Gin einreiben und mit der Gewürzmischung würzen.
Bei indirekter Hitze (120–140 °C) ca. 1 Stunde grillen, bis eine Kerntemperatur von 68 °C erreicht ist.

ZUTATEN:
500 g Hirschschulter, ohne Knochen
1 Pastinake, in feine Streifen geschnitten
1 gelbe Rübe, in feine Streifen geschnitten
1 Zweig Dost
1 TL Salz
1 TL schwarzer Pfeffer
1 TL Rauchpaprika
1TL Kümmel, gemahlen
1TL Dost, gemahlen
2 EL Gin

ZUSÄTZLICH:
Küchenschnur

hirsch-entrecote

Das Entrecote trockentupfen und auf dem heißen Grill bei direkter Hitze grillen, bis das Zellwasser aus dem Fleisch tritt. Das Fleisch wenden und auf der anderen Seite genauso verfahren. In Alufolie einschlagen und an einem warmen Ort ca. 3–5 Minuten ruhen lassen. Mit Salz und Pfeffer würzen.

ZUTATEN:
1 Entrecote vom Hirsch, mindestens 3 cm dick, pro Person
Salz
Indonesischer Langpfeffer, gemörsert

ZUSÄTZLICH:
Alufolie

grillwerkstattbohnen
aus dem dutch oven

ZUTATEN:

2 kg weiße Bohnen (24 Stunden eingeweicht)
1 Zwiebel, gehackt
200 g Speck, in feine Würfel geschnitten
3 Knoblauchzehen, gehackt
6 EL brauner Zucker
1 TL Chili, gemahlen
¾ l Gemüse- oder Fleischbrühe
500 g Ketchup
200 g BBQ-Sauce
1 TL Salz
1 TL Pfeffer

Unter dem Dutch Oven 10 glühende Kohlen platzieren. Den Speck im Dutch Oven auslassen, die Zwiebel und den Knoblauch dazugeben und mit Brühe ablöschen. Die Bohnen abtropfen lassen und zusammen mit dem Zucker, dem Ketchup und der BBQ-Sauce dazugeben.
Den Deckel aufsetzen und nochmals 15 glühende Kohlen auf dem Deckel platzieren. Ca. 2 Stunden köcheln lassen. Vor dem Servieren mit Salz und Pfeffer abschmecken.

chili-rotkraut

ZUTATEN:

1 Rotkohl
1 Zwiebel, fein geschnitten
1 Chili, frisch, fein geschnitten
4 EL Aceto Balsamico
500 ml Rotwein
3 EL Olivenöl
Salz
Pfeffer

Das Öl im Wok erhitzen, die Zwiebeln glasig anbraten. Den Rotkohl in feine Streifen schneiden und dazugeben. Kurz anbraten und mit Rotwein ablöschen. Unter ständigem Rühren bissfest garen. Mit Chili, Balsamico, Salz und Pfeffer abschmecken.

Das obere Drittel der Äpfel abschneiden, mit dem Kugelausstecher etwas aushöhlen und dann mit Alpenbitter beträufeln. In jeden Apfel eine Schokoladenkugel geben und den geriebenen Lebkuchen und die geriebenen Walnüsse auf die vier Äpfel verteilen und mit Lebkuchengewürz bestreuen. Bei indirekter Hitze, ca. 180–200 °C, etwa 30 Minuten grillen. Mit etwas Sahne und Vanilleeis servieren.

toms winterapfel

ZUTATEN:
4 kleine Äpfel
4 Nougat-Schokoladenkugeln
2 EL Lebkuchen, fein gerieben
2 EL Walnüsse, gerieben
1 TL Lebkuchengewürz
40 ml Appenzeller Alpenbitter

Für dieses Rezept verwende ich gerne die Schwarzen Nüsse, die ein Bekannter von mir nach uraltem Rezept herstellt. Da werden die noch unreifen grünen Nüsse in einer speziellen Flüssigkeit über Wochen eingelegt. Das Ergebnis sind schwarze, einzigartig bekömmliche Nüsse, die zu Desserts, Wild und auch zur Herstellung von Speiseeis verwendet werden können.

ZUTATEN:
2 frische Feigen pro Person
6 EL Honig
1 TL Zimt
2 EL brauner Zucker
4 Schwarze Nüsse, in Scheiben geschnitten
4 EL Einlegesaft der Schwarzen Nüsse

gegrillte feigen

Die Feigen halbieren und eine Mischung aus erwärmtem Honig, dem Einlegsaft der Nüsse und Zimt auf die Schnittfläche geben. Mit der Schnittfläche nach unten auf dem heißen Grill direkt bei 200 °C kurz angrillen.
Mit etwas Sahne, einer Kugel Walnusseis und den Schwarzen Nüssen servieren.

Trockenfrüchte sind besonders während der Winterzeit sehr beliebt. Ich mache auch gerne eine gegrillte Variante, verfeinert mit bestem Irischem Whiskey.

trockenfruchtspieße mit schuss

Die Datteln und die Aprikosen abwechselnd auf gewässerte Holzspieße stecken. Ca. 2 Stunden mit dem Irish Whiskey marinieren. Dann auf jeder Seite ca. 3 Minuten direkt scharf grillen.

ZUTATEN:
je 40 Datteln und Aprikosen, getrocknet
150 ml Irish Whiskey

ZUSÄTZLICH:
8 gewässerte Holzspieße

Buchteln gehören zu meinen liebsten Desserts. Ich fülle die Buchteln immer mit Konfitüre aus Marillen von meinem eigenen Marillenbaum der Sorte „Ungarns Beste", die bei uns in Vorarlberg an geschützten sonnigen Stellen wunderbar gedeihen.

buchteln
aus dem dutch oven

ZUTATEN:

700 g Kuchenmehl
1½ Packungen Trockenhefe
75 g feiner Kristallzucker
1 Prise Salz
1 Vanilleschote, Mark
300 ml warme Milch
2 Bio-Eier
100 g Butter
300 g Marillenkonfitüre
2 EL Puderzucker

Aus Mehl, Hefe, Milch, Zucker, Butter, Ei, Salz und Vanillemark einen weichen Teig kneten. Den Teig auf einer bemehlten Arbeitsfläche ca. 1 cm dick ausrollen. Nun mit einem Glas von ca. 7–8 cm Durchmesser runde Teigformen ausstechen. Einen Teelöffel Konfitüre auf die Teigstücke setzen und diese verschließen. Die verschlossenen Teigstücke in einem Dutch Oven dicht aneinander platzieren und den Deckel auflegen. Nun unter dem Dutch Oven 10 und auf dem Deckel ebenfalls 10 glühende Kohlebriketts platzieren und die Buchteln ca. 30–40 Minuten backen. Vor dem Servieren mit Puderzucker bestreuen.

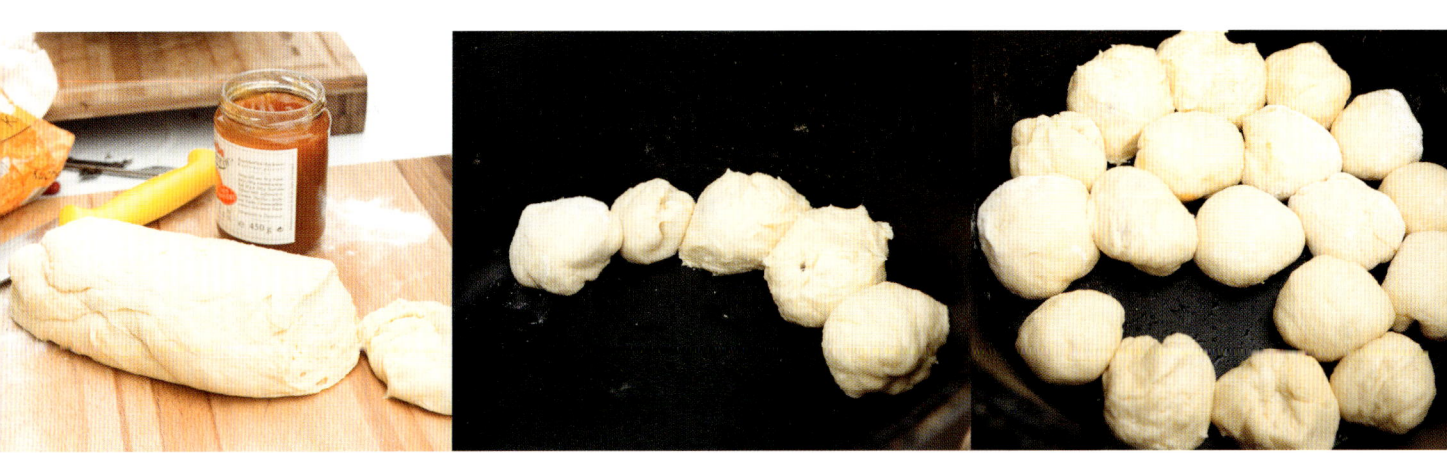

Kaiserschmarrn ist der Klassiker der Österreichischen Küche. Meine Version aus der Gusspfanne mit getrockneten Zwetschgen ist eine besonders bekömmliche Interpretation dieses Gerichtes.

kaiserschmarrn
aus der Gusspfanne

Die getrockneten Zwetschgen mit der Konfitüre und dem Brand vermischen und etwa 1 Stunde ziehen lassen.
Das Eigelb mit dem Mehl, dem Zucker und der Milch zu einem dickflüssigen, homogenen Teig verarbeiten. Das Eiweiß mit einer Prise Salz zu einem steifen Schnee schlagen und unter die Teigmasse heben. Die Butter in der Gusspfanne bei direkter Hitze auf dem Grill aufschäumen lassen, den Teig eingießen und bei indirekter Hitze, bei 160 °C ca. 30 Minuten fertig backen, danach in unregelmäßige Stücke rupfen und bei direkter Hitze kurz anrösten. Mit Zucker bestreuen und mit der Zwetschgensauce servieren.

ZUTATEN:

50 g Butter
5 Bio-Eier, getrennt
350 g Mehl
700 ml Milch
1 Prise Salz
4 EL Zucker
100 g getrocknete Zwetschgen
4 EL Zwetschgenkonfitüre
20 ml Zwetschgenbrand
½ TL Zimt, gemahlen

tom heinzle
der griller

Thomas „Tom" Heinzle ist verheiratet und Vater zweier wunderbarer Söhne. Er wohnt in Vorarlberg, dem westlichsten Bundesland Österreichs an der Grenze zur Schweiz und zu Deutschland.

Bereits seit etlichen Jahren ist er vom Grillvirus befallen und wie so viele seiner Kollegen im Grillzirkus ein Quereinsteiger. Im Maschinenbau groß geworden, fand er als ambitionierter Hobbykoch mit ausgeprägtem Hang zur Perfektion den Weg an die Glut.

Der gute Geschmacks- und Geruchssinn war ihm schon in die Wiege gelegt. Als Querdenker bringt er die traditionelle und innovative Küche auf den Grill.

Kein Wunder also, dass ihn seine Faszination für ausgezeichnete Qualität und der große Respekt vor den Lebensmitteln immer wieder zu einzigartigen Gerichten führt. Mit seinem Grillteam Tom's Grillwerkstatt www.grillwerkstatt.at nimmt Tom Heinzle regelmäßig an Grillmeisterschaften teil. Unter anderem ist er mehrfacher Vizeweltmeister und österreichischer Staatsmeister.

michael gunz
der fotograf

Michael Gunz wohnt in Vorarlberg im wunderschönen Emsreute. Er genießt mit seiner Frau und seinen zwei Söhnen die einzigartige Aussicht auf das Rheintal. Dies gibt ihm immer wieder Kraft für neue Ideen und den Weitblick, der in seinem Beruf wichtig ist.

Seine schier unglaubliche Energie und der unbedingte Wille, nur das Beste abzuliefern, kommen sicherlich nicht von ungefähr. Michael Gunz war Leistungssportler, und das hat den sympathischen Vorarlberger geprägt. Auf seinem Weg zum perfekten Bild kommt ihm sein Teamgeist und die Konzentration auf das Wesentliche zugute. Michael sagt von sich selbst, er wolle das Besondere aus jedem Produkt herausholen. Das perfekte Bild beginne mit dem Handwerk der Lichtführung – die er, wie dieses Buch beweist, perfekt beherrscht – und endet erst mit der professionellen digitalen Bildbearbeitung.

Aber Achtung: So schnell wie Michael bei aller Perfektion arbeitet, kann kaum jemand grillen … außer Tom.

Folgende Unternehmen empfehle ich gerne und bedanke mich für die Unterstützung

---

Appenzeller Alpenbitter
www.appenzeller.com

Mohrenbräu Dornbirn
www.mohrenbrauerei.at

Napoleon Gourmetgrills
www.napoleongrills.eu

Smoky Fun
www.smokyfun.eu

Schobel Höchstgenuss Trockenfrüchte
www.hoechstgenuss.at

Anna Winner · Elisabeth Erndt-Doll

ANFANG GUT? ALLES BESSER!

Ein Modell für die Eingewöhnung
in Kinderkrippen und
anderen Tageseinrichtungen für Kinder

verlag das netz

Weimar · Berlin

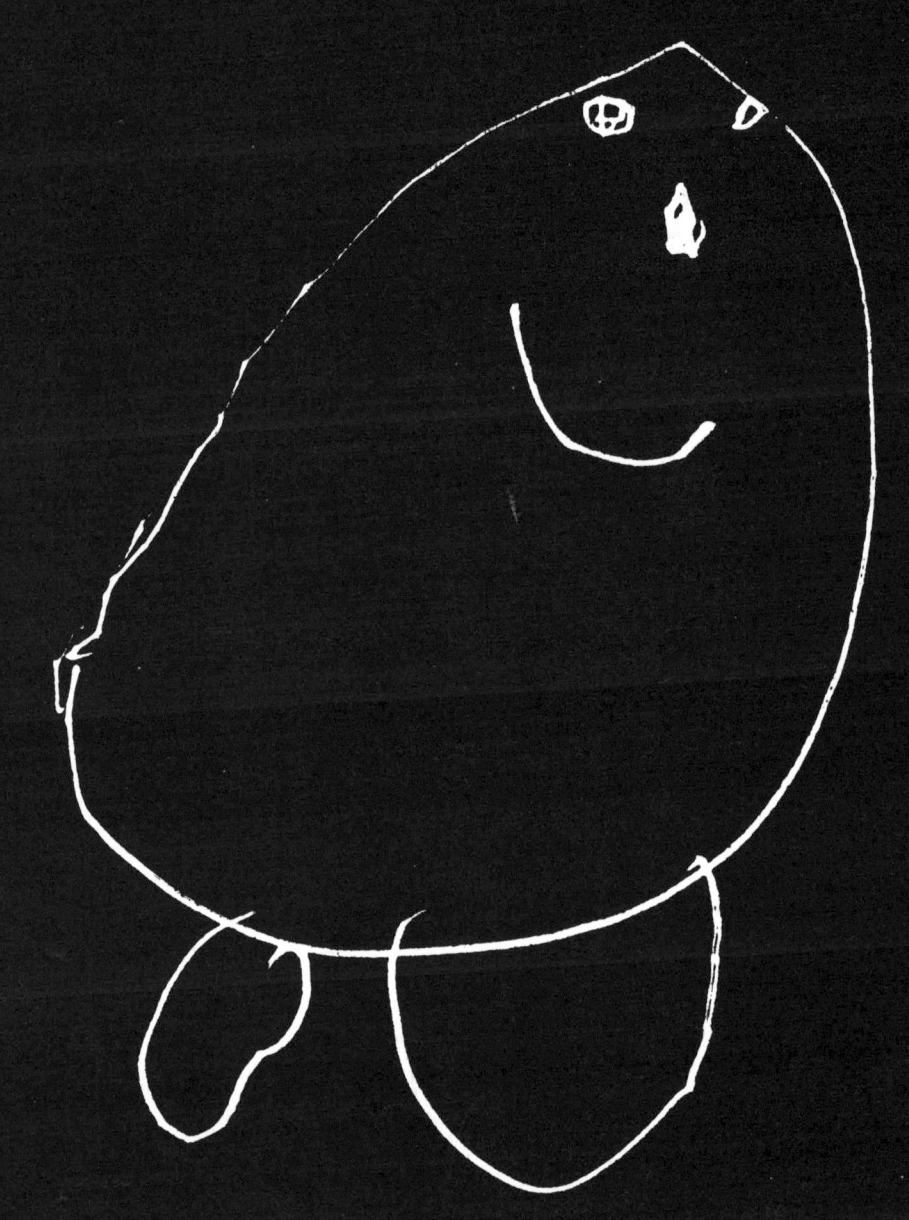